Richard Friedenthal

DIDEROT

Ein biographisches Porträt

R. Piper & Co. Verlag
München Zürich

ISBN 3-492-00616-7
Januar 1984
© Richard Friedenthal, 1969
Alle deutschen Rechte:
© R. Piper & Co. Verlag, München 1984
Umschlag: Disegno, unter Verwendung eines Gemäldes
von D. G. Lewitzkij, 1773
Druck und Bindung: Clausen & Bosse, Leck
Printed in Germany

INHALT

Vorspruch

Diderot: das ist das Gespräch, der Dialog, die Diskussion. Damit sind nur einige Arten der Äußerung genannt. In diesem außerordentlichen Mann stecken noch mehr verborgen. Ein Literat aus der Schweiz, Meister, der ihn gut kannte, hat bemerkt: »Diderot unterhielt sich nicht so sehr mit den Menschen als mit seinen eignen Gedanken.« Das Selbstgespräch, der innere Dialog, kommt also hinzu. Diderot kennt die Auseinandersetzung im Traum, einer neuerdings sehr beliebten Form, im Drama, in dialogisierten Romanen. Seine Briefe bringen oft Szenen aus Theaterstücken, die nie geschrieben wurden. Dieser Reichtum wird bis zur Verschwendung mitgeteilt an die Freunde, oft nur handschriftlich. Diderot ist kein einsamer Grübler. Er nennt sich zwar »den Philosophen« und läßt sich gern so nennen. Darunter ist aber zu seiner Zeit kein Professor zu verstehen, der vom Katheder herab doziert, sondern jemand, der sich mitten unter uns bewegt, sich zu uns setzt, mit uns spricht, zuhört, widerspricht und zum Widerspruch anregt, aus dem vielleicht ein Resultat hervorgeht oder jedenfalls dies Ergebnis, daß nachgedacht wird. Er ist in ganz eminentem Maße der Mensch der Geselligkeit, der Gesellschaft im weitesten Sinne. Er lebt im großen Zeitalter der Geselligkeit, die damals als eine sehr hohe und anspruchsvolle Übung des Geistes betrieben wird. Ein gewisser Betrieb unschönerer Art kann dabei nicht geleugnet werden, aber daran hatte er weniger teil.

Wie dem auch sei: Man teilte sich mit, im Gespräch, in Briefen, in Pamphleten und Broschüren, in mehrbändigen Büchern, die alsbald intensiv diskutiert wurden. Schließlich war Diderot auf die wirkungsvollste Form der Mitteilung verfallen: Er gab die große Enzyklopädie heraus, in siebzehn Foliobänden mitsamt elf Tafelbänden, eines der wahrhaft epochemachenden Werke der Weltliteratur, nach dem man seinem Zeitalter den Namen geben kann. Auch da spricht er mit seinem Leser, oft höchst persönlich und keineswegs nur sachlich referierend. Auch da will er vor allem zum Nachdenken reizen, zur Mitarbeit treiben, zur Teilnahme an der großen Debatte. Er hat viele und sehr bedeutende Mitarbeiter gehabt an diesem Werk, aber das ganze Unternehmen, das zwanzig Jahre erbitterter Kämpfe erforderte, ist in Stil, Anlage und Absichten, vor allem in der Durchführung, sein Geisteskind.

Mit einem solchen Menschen wird man sich am besten ebenfalls unterhalten. Er entzieht sich der strengen Analyse. Er sperrt sich dagegen, wenn man ihm ein System unterlegen oder aufzwingen will. Er lächelt über die Bemühungen, ihm »seinen Platz anzuweisen« in der olympischen Schulklasse, mit den notwendigen Tadelszensuren und gemessenem Lob bei Wohlverhalten. Die Rangordnung pflegt von Jahr zu Jahr zu wechseln, und man könnte allenfalls feststellen, daß Diderot in der letzten Zeit stark aufgerückt ist, während andere heruntergesetzt wurden. Wir müssen ihn auch in Verdacht haben, seine Leser zuweilen auf eine falsche Fährte zu setzen, und wie eifrig sind solche Papierstückchen bei der literarischen Schnitzeljagd verfolgt worden!

Wir können die Art seiner Wirkung vielleicht nicht besser kennzeichnen als am Beispiel Goethes, der aus Diderot eifrig übersetzt hat, den »Neffen des Rameau« und seinen »Versuch über die Malerei«. Bekannt und viel zitiert ist sein etwas zorniger Ausspruch: »Diderot ist Diderot, ein einzig Individuum; wer an ihm und seinen Sachen mäkelt, ist ein Philister, und deren sind Legionen.« Charakteristischer erscheint uns der Eindruck, den er empfand, als er nach langen Jahrzehnten die Aufsätze des Franzosen über die Malerei wieder in die Hand bekam. Da ergibt sich ihm, der über dies Thema lange nachgedacht hat, aber nie dazu gekommen ist, selber seine Ansichten zusammenzufassen, ein Dialog: Ein Freund, vielleicht ein Fremder, tritt unerwartet herein, und unversehens wird es ein Gespräch: »Wir vernehmen, wir erwidern. Bald gehen die Meinungen gleichen Schrittes, bald durchkreuzen sie sich; das Gespräch schwankt so lange hin und her, kehrt so lange in sich selbst zurück, bis der Kreis durchlaufen und vollendet ist.« Aphoristisch fügt er hinzu: »Der Mensch ist kein lehrendes, er ist ein lebendiges, handelndes und wirkendes Wesen. Nur in Wirkung und Gegenwirkung erfreuen wir uns.« Als Freund empfindet er den schon lange verstorbenen Franzosen: »Ich unterhalte mich mit ihm aufs neue, ich tadle ihn, wenn er sich von dem Wege entfernt, den ich für den rechten halte, ich freue mich, wenn wir wieder zusammentreffen, ich eifre über seine Paradoxe, ich ergötze mich an der Lebhaftigkeit seiner Überblicke, sein Vortrag reißt mich hin, der Streit wird heftig, und ich behalte freilich das letzte Wort, da ich mit einem abgeschiedenen Gegner zu tun habe...«

Wir wollen nicht das letzte Wort behalten; wir wollen es Diderot lassen, mitsamt seinen Paradoxen. Zu sagen ist aber noch, daß es ihm nicht nur um Fragen der Malerei oder Literatur ging. Er war ein Moralist. Wir bitten diesem Wort das hohe Gewicht zu geben, das es verdient. Er glaubte daran, daß die Menschen mündig geworden seien für eine Diskussion über Grundfragen des Menschen und des Lebens, hier und jetzt, das heißt um 1750. Die Mündigkeit, so müssen wir beklommen zugeben, ist noch keineswegs erreicht. Diderot sieht sehr wohl die Torheit des Menschengeschlechts. Er kennt seine eignen Narrenzüge und schildert sie uns mit befreiender Offenheit, zuweilen mit etwas Koketterie. Er möchte bessern. Er kämpft für die Freiheit und hat dafür, wie sichs gehört, im Gefängnis gesessen. Er ist sich gleichzeitig sehr wohl bewußt, daß der Mensch letzten Endes unfrei ist, wenn man philosophisch darüber nachdenken will.

Philosoph, Romancier, Herausgeber, Pamphletist, Dramatiker, Dialogist und Briefschreiber: Wir haben viel zu erzählen und müssen zur Sache kommen, bemerken aber noch, daß auch wir unsere Leser als Partner in unserem Diskurs ansehen. Wir wollen zum Nach- und Mitdenken anregen bei dieser Betrachtung eines ganz ungemein komplexen Autors und Menschen, der Rätsel aufgibt, ohne sie immer zu lösen, geschweige, wenn es sich um die sogenannten Welträtsel und letzten Fragen handelt. Es ist die Geschichte eines Kampfes. Diderot und seine Freunde haben eine große Schlacht geschlagen, eine lange Kampagne geführt, und sie wurde für ein halbes Jahrhundert als ein Sieg angesehen. Eine »Bresche« wurde gelegt in die noch sehr starke, wohlverteidigte Festung der Tradition, d. h. der Finsternis und Unwissenheit. Dieser Kampf wurde »die Aufklärung« genannt. Der Horizont schien sich zu erhellen. Bald beherrschten blutigere Farben die Szene. Die Reaktion setzte ein, und gab einem weiteren Zeitalter den Namen. Das Wort Aufklärung wurde nur noch mit hochmütig-mitleidigem Verziehen des Mundes ausgesprochen und unweigerlich mit dem Beiwort »flach« belegt. Viel davon hat sich erhalten, in der brutalen Vergeßlichkeit des Menschengeschlechts, das lieber seine großen Peiniger und Schinder im Gedächtnis behält als seine Wohltäter. Es würde uns etwas ängstlich erscheinen, wenn wir uns, als den größten jener Aufklärer, auf den Namen Kants berufen wollten, dem Diderot in manchen seiner kühnsten Gedanken so nahe gekommen ist. Der Kampf, der damals begonnen wurde, geht weiter. Es lohnt sich, dabei eine Unterhaltung mit Diderot zu führen, und wir möchten glauben, ganz in seinem Sinne, daß dabei auch das »unterhaltende Element« nicht ganz fehlen wird.

Die Handwerkerfamilie

Der Vater war Messerschmied zu Langres in der Champagne. Ein Handwerker also, aber mit behäbigem Besitz und Wohlstand, ein Meister seines Faches, das in der Stadt reich vertreten und in der Familie Diderot seit langem erblich war. Der Sohn hat die traditionelle Technik dann auf seinem Gebiete der Schriftstellerei mit gleicher Meisterschaft ausgeübt, und übrigens kamen ihm seine Kenntnisse der Handwerkskünste bei der Arbeit an seiner großen Enzyklopädie sehr zustatten. Die Erzeugnisse der Messerschmiede von Langres waren weithin berühmt; die des Vaters Didier Diderot genossen besonderes Ansehen. Er schmiedete und schliff nicht nur Messer und Scheren, sondern vor allem ganz vorzügliches chirurgisches Gerät, Skalpelle, Lanzetten, Spatel. Ein heutiger Mediziner, dem ein alter Kollege ein Skalpell aus der Werkstatt Diderot-Langres vermachte, rühmt, wie gut es in der Hand liege. Stolz prägte Meister Didier seine Kennmarke, eine Perle, in den Stahl. Wir glauben sie auch in den Erzeugnissen des Sohnes wiederzufinden.

Man könnte fragen, wozu denn so feines und ausgezeichnetes medizinisches Gerät weithin gebraucht wurde. War die ärztliche Kunst nicht noch auf sehr niedrigem Stand nach unseren Begriffen? Die Behandlung der Kranken ein gravitätischer Unfug mit Aderlassen und Brechmitteln oder Klistieren? Man denkt an Molière und spätere Komödienschreiber. Aber die Uhr war vorgerückt, und wir führen den Fortgang des Zeigers nicht mutwillig an. Was man immer gegen den ominösen Fortschritt sagen mag – und es läßt sich viel gegen ihn sagen –: Das achtzehnte Jahrhundert hatte bereits in Physiologie und Anatomie die wesentlichen Grundlagen für die Erforschung des Menschen und seiner Struktur gelegt, auf denen weiterhin aufgebaut werden konnte. Auch die Psyche war nicht vergessen, obwohl manche sie noch für eine mythologische Göttin aus dem Bilderschatz der Antike hielten, die in Liebschaft mit Amor gedacht wurde. Frankreich stand, neben den großen holländischen und englischen Gelehrten, an der Spitze in den ärztlichen Wissenschaften und hat die Führung lange behalten. Die Beschäftigung mit der Medizin wurde für den Sohn wichtig. Seine erste große Brotarbeit war die Übersetzung und Herausgabe eines sechsbändigen medizinischen Lexikons, was zu seinem Hauptwerk, der Enzyklopädie, überleitete. Die Messer des Vaters Diderot dienten freilich meist noch den Badern und Feldscherern, die rücksichtslos Beine und Arme abschnitten. Man trepanierte auch – schauderhaft zu denken ohne Narkose – die Schädeldecke, wenn jemand vom »bösen Geist« besessen war, der keinen anderen Ausgang finden konnte. Das war noch das Mittelalter, das nach Ernst Troeltsch bis zur Aufklärung zu datieren wäre. Die neue Zeit mit den Naturwissenschaften und genauer Beobachtung des Menschen, dem man auch geistig den Kopf öffnen wollte, war jedoch unaufhaltsam im Anmarsch. Diderot war nicht nur Philosoph. Er kam in eine große Strömung und Bewegung hinein, die von allen Seiten her die Grundfesten des Alten umspülte und »unterwühlte«, wie die Verteidiger der Festung meinten. Dabei wurden nicht nur Spaten und Brecheisen gebraucht, sondern auch feine Messer.

Übrigens gab es bereits, neben anderen Fortschritten, schon Anfänge plastischer Chirurgie. Die sehr geliebte Lieblingsschwester Diderots büßte durch eine krebsartige Erkrankung ihre Nase ein und erhielt eine künstliche, in verschiedenen Fassungen; man versuchte es sogar mit einer aus Glas hergestellten Prothese. Für das heutige, sehr erfreuliche Niveau dieses Zweiges der Chirurgie mußten erst zwei Weltkriege mit grausigen Verstümmelungen kommen, was uns nun wieder nachdenklich macht über den Fortschritt...

Wir sind bei der Familie Diderot. Eine andere Schwester wurde Nonne und starb früh, wie es hieß im Irrsinn, den sie sich durch übermäßige Kasteiungen und Arbeiten zugezogen hätte. Das blieb nicht ohne Einfluß auf des Bruders Ansichten über das Klosterleben und seinen Roman »Die Nonne«. Ein jüngerer Bruder wurde Geistlicher, ein unduldsamer Kirchenmann, der den ungläubigen Denis trotz aller Versöhnungsversuche ablehnte. Die Handwerkerfamilie besaß vielerlei Verwandte in den reichlich über das ganze Land ausgestreuten und oft recht angenehmen Posten der Kirche. Für den sehr früh als besonders aufgeweckt erkannten Sohn wurde vom Vater etwas der Art ins Auge gefaßt, nachdem Denis das Jesuitengymnasium mit Auszeichnung absolviert hatte. Es gab eigentlich nur zwei Aufstiegsmöglichkeiten für einen Sohn aus dem Handwerkerstande: die Kirche oder die Jurisprudenz. Die Laufbahn eines Schriftstellers existierte noch nicht als Beruf. Sie fand erst in Diderot und seinen Freunden ihre ersten Vertreter.

Der Vater Diderot war ein strenger Arbeiter und hielt auf Ordnung in seinem Hause wie seiner Werkstatt, mit patriarchalischen Sitten und festem Kirchenglauben. Ein Tyrann? Wir hören viel davon aus der sogenannten guten alten Zeit, auch von der Tyrannei der Schule mit dem Regime des Bakels. Erasmus von Rotterdam und Martin Luther haben lebenslänglich die furchtbaren Prügel ihrer Jugend als Striemen im Gedächtnis behalten. Äußern Sie sich über Ihre Eltern, Denis Diderot! »Meine Mutter wärmte mir die Füße in ihren Händen, wenn sie verfroren waren.« Er hat sich sonst nicht viel über sie ausgelassen; wir wissen nur, daß sie ihm heimlich Geld schickte, wenn der Vater dem verbummelten Sohn die Unterstützungen in Paris gesperrt hatte. Der Vater? Der beste aller Väter, so versichert der Sohn im Rückblick, trotz vieler Spannungen. Er hat den Sohn ermahnt, gedrängt bei der Berufswahl; er hat ihn sogar einsperren lassen, mit der Vollgewalt elterlicher Autorität in der alten Zeit, als gegen seinen Willen ein mittelloses und ältliches Mädchen geheiratet werden sollte. Er hat Schulden bezahlt, und am Ende ein recht ansehnliches Vermögen hinterlassen in Grundstücken, Renten und Warenvorräten, das mit den Geschwistern zu teilen war, aber dem Philosophen einen sorglosen Lebensabend sicherte. Diderot singt ihm einen Lobgesang in der Erinnerung. Als er beim Tode des Alten, der lange lebte, in die Heimatstadt kam, schon berühmt, traf er einen alten Bekannten auf der Straße, der ihm die Hand auf den Arm legte und ihn begrüßte: »Monsieur Diderot, Sie sind ein guter Mann! Glauben Sie aber nicht, daß man Sie je mit Ihrem Vater vergleichen wird. Da irren Sie sich!« Diderot hat das Urteil ohne weiteres akzeptiert. Sein eigner Weg führte ihn weit ab von dem des Elternhauses, im Geistigen wie in der Lebensführung. Aber er hat seinen Vater stets als ein Vorbild empfunden, bis zu Einzelheiten seines Schriftstellermetiers hin, der Auffassung, daß ein übernommener Auftrag korrekt ausgeführt werden muß und daß man Verträge innehalten soll. Man kann das bürgerliche Tugenden nennen oder Handwerksstolz.

Zur Milieutheorie der Geburtsstadt – und Diderot hat sich auch dazu geäußert und versucht, Züge seines Wesens damit zu deuten – gibt er bei dem Besuch zur Erbteilung eine Skizze: Die Bewohner von Langres, so meint er, haben viel Geist. Sie sind allzu lebhaft, sie sind unbeständig wie eine Wetterfahne. Er erklärt das mit dem starken Wechsel der Atmosphäre, die innerhalb von 24 Stunden von Hitze in Kälte umschlagen kann, von Stille in Gewitter, heiterem Himmel in Regen. Kein Wunder daher, daß dies auf ihre Gemütsverfassung einwirkt. Sie sind hurtig in Bewegungen, Begierden, Entwürfen, Phantasien, Gedanken; dabei sprechen sie langsam. Er fügt hinzu, daß er auch bei sich diese Eigenschaften beobachtet habe, nur sei es mit ihm durch den langen Aufenthalt in der Hauptstadt und durch ständige Bemühung etwas besser geworden.

Der Sechzehnjährige, mit der Tonsur versehen und als kleiner Abbé kostümiert, wurde vom Vater in die Hauptstadt gebracht und zur weiteren kirchlichen Laufbahn dem Jesuitenkollegium übergeben. Er ist Pariser geblieben und hat, von kleinen Ausflügen abgesehen, kaum je einen Fuß in ein anderes Land oder nur eine andere Stadt gesetzt, von der einen großen Reise nach Rußland im Alter abgesehen. Über Paris und die Pariser hat er keine kurzgefaßte Milieutheorie vorgelegt. Dazu dienen die zwanzig Bände seiner gesammelten Schriften als Kommentar. Und dann hat er mitgeholfen, das Gesicht dieser Stadt umzuwandeln und zu prägen mit neuen Zügen.

Dunkle Anfangsjahre

Ein gutes Jahrzehnt im Leben Diderots bleibt recht dunkel, seine Anfangszeit in Paris, und es sind die wichtigsten Entwicklungsjahre. Im Kostüm eines Abbé, der Soutane und dem Kragen eines angehenden Geistlichen mit den beiden kleinen weißen Lätzchen war er eingetroffen. Die Familie dachte ihn noch in irgendeine Kirchenkarriere zu dirigieren und unterstützte ihn mit Geldsendungen. Verschiedene der berühmten Kollegien werden genannt, das Louis-le-Grand, wo er als Mitschüler den späteren Minister und Kardinal de Bernis hatte, und noch andere; er erwarb das Diplom als Magister, legte die Soutane ab und trat als Lehrling bei einem Advokaten ein, was ihn wenig befriedigte. An eine medizinische Laufbahn wurde gedacht, drei Monate lang hielt er es als Hauslehrer bei einem reichen Financier aus. Dann verbummelte er. Er erklärte Freunden seines Vaters, der unruhig zu werden begann, als sie ihn fragten, was er denn nun zu tun gedächte: »Nichts, gar nichts. Ich liebe die Studien. Es geht mir gut, ich bin glücklich, weiter wünsche ich nichts.« Der Vater stellte daraufhin die Unterstützungen ein. Das Nichtstun muß sehr intensiv gewesen sein. Es bestand aus umfassender Lektüre von Büchern aller nur erdenklichen Wissensgebiete, er trieb Mathematik auf eigene Faust, und eine seiner ersten Publikationen wurde eine recht gediegene mathematische Abhandlung. Er las Reisebeschreibungen, Medizinisches, die erotischen Romane, borgte, wenn ein Landsmann nach Paris kam, und ließ durch den Vater das Geld zurückzahlen. Wenn der Messerschmied nichts mehr geben wollte, schickte die Mutter heimlich ein paar Louis. Die Dienstmagd machte dreimal den weiten Weg nach Paris, zu Fuß auf der Landstraße, um das Geld und etwas Wäsche zu überbringen. Es gab damals solche Mädchen; dieses blieb fünfzig Jahre im Hause der Diderots und hat noch der Tochter des Philosophen von den Wanderungen erzählt. Wir hören, daß er eine Weile ohne große Skrupel Gelder von einem Karmeliterkloster bezog; ein Pater war aus der Heimatstadt und ließ sich bereden, der »Vetter« wolle in den Orden eintreten. Als die Sache sich etwas verdächtig lange hinzog und die Forderungen sich steigerten, kam es zum Bruch: »Pater Ange, Sie wollen mir kein Geld mehr geben?« – »Nein, bestimmt nicht!« – »Dann will ich auch nicht mehr Karmeliter werden. Schreiben Sie an meinen Vater und lassen Sie sich die Auslagen zurückgeben.«

Wenn gehungert wurde, so hat Diderot davon doch wenig Wesens gemacht. Wenn er etwas Geld hatte, teilte er bereitwillig mit noch ärmeren Freunden, die auch in einem Winkel seiner Dachkammer auf einer Matratze schlafen konnten. Im übrigen füllte sich sein Zimmer rasch mit Büchern; seine Sammelleidenschaft kündigte sich bereits an, unklar, womit er sie befriedigen konnte. Einer dieser Jugendbekannten, der Kupferstecher Wille, der mit ihm im gleichen Hause wohnte, hat berichtet, eine wie vorzügliche Bibliothek der Freund bereits besaß. Der junge Franzose versicherte dem jungen Deutschen, er habe die Absicht, ein tüchtiger Schriftsteller zu werden, und womöglich ein noch besserer Philosoph. Übrigens liebe er die Künstler und die Kunst.

Wille war Künstler und Handwerker, damals in seinen Anfängen, später der große Meister und Lehrer einer Stecherschule über ganz Europa hin bis nach Kopenhagen und Wien. Sein Handwerk war eine Art Reproduktionstechnik, betrieben mit uns kaum vorstellbarer Gründlichkeit und ergreifendem Fleiß. Der Linienstich, mit genau gezogenen, leicht an- und abschwellenden Furchen in der blanken Kupferplatte, besitzt heute wenig Freunde, aber er hatte seine große Zeit. Niemand verstand so wie Wille, den Glanz eines Seidenstoffes, Brokat, Samt, meist nach den späteren Niederländern, einem Netscher oder Douw, wiederzugeben, daß man glaubte, mit den Fingerspitzen den Stoff fühlen zu können. Das Arbeitszeug war der Burin, der Grabstichel, den Diderot ähnlich den berühmten Skalpellen seines Vaters gefunden haben mag. Im Gedankenaustausch mit Wille konnte er seiner Lust am handwerklichen Arbeitsprozeß und schönem Gerät frönen; bei der Arbeit an seiner Enzyklopädie ist ihm das zugute gekommen. Er hat ständig Verbindung mit Wille gehalten und in den Kunstkritiken seiner »Salons« die Leser über graphische Techniken belehrt. Man las das gerne. Auch Dilettanten versuchten sich in den Künsten, die Pompadour hatte den Stecher Cochin als ihren Lehrer und hinterließ ein Heft mit angeblich von ihr eigenhändig gefertigten Radierungen. Man diskutierte auch ernsthaft; Wille hat seinen Freund mit den Betrachtungen Hagedorns über die Malerei bekannt gemacht, aus denen Diderots Abhandlung zum gleichen Thema hervorging.

Diderot nennt noch einen anderen deutschen Künstler, den Kupferstecher Preisler, aus weitverbreiteter Nürnberger Malersippe. Die Preislers versorgten den Markt mit Kupfern für galante Büchlein oder naturwissenschaftliche Werke über die neuentdeckten Wunder des Mikroskops. Es war das enzyklopädische Zeitalter. Zweifellos hat der Bohemien Diderot an Männern wie Wille und Preisler die Tüchtigkeit bewundert, den Fleiß, die Hingabe an ihren Beruf, Tugenden, die er auch an seinem Vater, oft widerwillig, schätzen mußte. Kleinbürgerlich-provinzielle Züge? Stendhal, der entschiedene Snob, deutet etwas der Art an, als er einmal bei einem Besuch in Langres durch die Straße der Messerschmiede schritt und an Diderot denken mußte. Er lobt ihn, fühlt sich aber beunruhigt durch dessen »Emphase« und meint überlegen: »Seinem Talent fehlte nur eins: Er hätte mit Zwanzig das gute Glück haben müssen, einer wirklichen Dame den Hof zu machen und kühn in ihrem Salon aufzutreten. Da wäre seine ›Emphase‹ verschwunden; sie ist nur ein Rest provinzieller Gewohnheiten.«

Der dicke und ungeschickte Stendhal hat selber selten bei Damen comme il faut Figur gemacht; er spricht wunschträumend von sich. Diderot hat aber in der Tat zeitlebens etwas vom Mann aus Langres behalten, und damit Paris bereichert, das immer aus der Provinz seine besten Kräfte zog. Von großen Damen ist lange nicht die Rede in seinem Leben, und überhaupt hat er sich in den Salons, die »tout Paris« sein wollten, kaum je ganz wohl gefühlt. In diesen dunklen Jahren konnte schon aus Geldgründen an Auftreten in der Gesellschaft nicht gedacht werden. Der junge Mann war stämmig – »wie ein Sänftenträger« nach der Beschreibung eines Bekannten – mit breiten Schultern und blondem Schopf. Er ging in einem groben, grauen Rock, mit schwarzen Wollstrümpfen, die obendrein mit weißen Fäden gestopft waren. So konnte man sich keiner Dame präsentieren. Sehr viel schlichtere Bekanntschaften kamen nur in Frage, und es dürften eine ganze Reihe gewesen sein. An eine denkt er im Alter wehmütig zurück: »Wo ist die Zeit hin, da mein langes Haar im Winde flatterte? Am Morgen fiel es in großen ungeordneten Locken über muskulöse und weiße Schultern des offnen Nachthemdes. Meine Nachbarin von gegenüber stand früh auf von der Seite ihres Ehemanns und entzückte sich an dem Anblick durch die halb geöffneten Vorhänge; ich verstand wohl, was vorging. Und so verführte ich sie, von einer Seite der Straße auf die andere.« Beim Zusammensein, das bald erfolgte, behandelt er sie »aufrichtig und unschuldig, auf sanfte, einfache Weise«. Das Wort Unschuld, wie alle die hohen Begriffe jener Zeit, hat immer verschiedene Bedeutungen.

Die Straße wurde auch sonst frequentiert, aber da hatte der junge Mann vom Vater seine ernsten Warnungen mitbekommen: Paris ist durch und durch verseucht, das weiß man, und mit diesen Krankheiten ist nicht zu spaßen! Diderot erzählt von einigen Abenteuern, bei denen er gerade im allerletzten Augenblick der furchtbaren Gefahr entronnen ist. Selbst harmlosere Begegnungen kühlten ihn rasch ab. Er schwärmte eine Weile für eine Schauspielerin und beobachtete sie vom Fenster eines Freundes her bei der Toilette. Die Straßen waren eng, man schaute sich ungeniert in die Zimmer, und die Vorhänge waren bei einer Actrice kaum je ganz zugezogen. Sie stellte ein Bein auf den Stuhl und reinigte umsichtig mit einem Stück weißer Kreide ihre weißen Strümpfe von den Flecken aus Straßenschmutz, den es reichlich gab für Damen vom Theater der billigeren Sorte, während die besseren von einem reichen Freund im Wagen nach Hause gebracht wurden. »Mit jedem Strich schwand meine Passion etwas dahin, und am Ende der Toilette war mein Herz so rein wie ihr Fußwerk.« Auch das »rein« gehört zu den Worten, die einiger Korrektur bedürfen. Mit Vergnügen erinnert er sich an eine kleine Szene im Buchladen mit einer hübschen Verkäuferin, die dann das Modell und die Frau des Malers Greuze wurde. »Feurig und etwas närrisch« tritt er bei ihr ein in die kleine Boutique am Quai des Augustins. Er fragt nach etwas leicht Verfänglichem: die Contes von La Fontaine, den Petronius.

»Bitte, hier. Noch etwas anderes gefällig?«

»Ja, pardon ... ich möchte ...«

»Nun, was soll es sein?«

»Die Nonne im Hemde.«

»Pfui Teufel, so etwas führen wir nicht, was glauben Sie denn! Lesen Sie solche Schmutzereien?«

»Was denn, was denn, Mademoiselle: Ist das wirklich ein schmutziges Buch? Ich hatte keine Ahnung.«

Der Verfasser der »Bijoux« betont noch nachträglich seine Unschuld. Verschiedene kleine Affären werden erwähnt, und ein Polizeibericht hält den »pp. Dridrot« für einen im Revier bekannten Mann von ausschweifenden Sitten. Wir glauben eher, daß seine Ausschweifungen in ungemessener Lektüre bestanden, und die war ja nun der Polizei noch weitaus verdächtiger als erotische Exzesse.

Übrigens war der so robust aussehende junge Mann sehr

schlecht ernährt in jenem Jahrzehnt. Das pflegt dämpfend zu wirken. Er schrieb auch unablässig neben seinen Studien. Diderot hat stets Bogen mit breitem Rand benutzt, auch wenn er sich Auszüge aus anderen Werken machte. Aus den Randbemerkungen und Abschweifungen wurden neue Werke, oft seine kühnsten. Man kann Diderots ganzes Œuvre, und dies ohne jede abschätzige Bedeutung gesagt, als Marginalien zu einem nie geschriebenen Hauptwerk betrachten.

Für die Schriftsteller (was noch kein rechter Beruf war und schon gar nicht ein leidlich einträglicher) waren die Kaffeehäuser die große Börse. Es gab davon Hunderte in Paris, und ein gutes Dutzend solcher, die berühmt wurden. Nächst den Salons, wo die Damen herrschten und mit gebietender Hand ablehnten oder empfahlen, waren sie die Plätze für die Meinungsbildung. Parteien entstanden und vergingen, Reputationen wurden gemacht und vernichtet, oft durch ein einziges witziges Wort. Da las man die Broschüren, die den größten Teil der damaligen Literatur ausmachen, die Zeitungen, die giftigen Pamphlete und Gedichte, die verbotenen und aus dem Ausland hereingeschmuggelten Ketzerschriften. Neben den Literaten saßen die Spitzel, und oft waren Literaten die Angeber. Viel Schach wurde gespielt, um den Geist zu schärfen. Der Kampf mit der ständig eingreifenden Zensur, die willkürlich und unberechenbar zuschlug, auch mit Verhaftungen, wetzte ebenfalls den Verstand beträchtlich. Voltaire wurde der große Meister in anonymen Publikationen, die er ableugnen konnte oder unter dem Namen von Gegnern lancierte. Noch die heutigen Philologen erwerben sich Ruhm bei der Detektivarbeit, etwas Licht in das unentwirrbare Dunkel der Zuschreibungen zu bringen. Manche Beiträge Diderots aus den dunklen Jahren lassen sich nur identifizieren, wenn man mit großer Selbstgewißheit zu Werke geht. Vieles wurde auch von einigen Kumpanen gemeinsam verfaßt, oder entstand aus Gesprächen, wie das schon die Humanisten mit ihren »Briefen der Dunkelmänner« gehalten hatten. Der Streit mit den Dunkelmännern, die immer noch sehr mächtig waren, bildete ein Hauptthema der Kontroversen. Der Vorwurf, nicht ganz unzweifelhaft rechtgläubig zu sein oder womöglich ein Deist, der nur allgemein und unbestimmt an einen Gott glaubte, war immer noch gefährlich für Leib und Leben. Innerhalb des geltenden katholischen Glaubens mußte man Stellung beziehen und sich entweder für die Jesuiten entscheiden, als die Wortführer der Orthodoxie, oder die Jansenisten als ihre Gegner, und die waren keineswegs durch Louis XIV. und die Zerstörung ihres Klosters Port Royal zerschmettert und vernichtet worden. Sie hatten sich vielmehr erholt, erhoben, ausgebreitet, in sehr viel einfacherer und bequemerer Form als ursprünglich. Aus der fanatisch weltflüchtigen und puritanischen Kerngruppe war eine weite Bewegung geworden, die vor allem beim aufstrebenden Bürgertum Anklang fand. Es hieß »ganz Paris sei jansenistisch«, das andere Paris, das unterschieden wurde vom »tout Paris« der großen Gesellschaft. Und selbst in dieser gab es etwa einen alten Balletteusenpapa, der als »Jansenist« bezeichnet wurde, einfach weil er ein Frondeur war. Die Urväter und Urtöchter der Bewegung, die nie aus dem geistigen Leben Frankreichs verschwunden ist, hätten sich vor solcher Nachfolge fromm bekreuzigt. Das Parlament von Paris, als oberste Instanz der Justiz, war jansenistisch, und das hieß im Grunde nicht viel anderes als renitent. Wir sind noch nicht am Ende mit der Aufzählung der Parteien innerhalb der Kirche. Die dominierende Richtung des Gallikanismus, die Frankreich seit dem 15. Jahrhundert eine sehr selbständige Stellung gegenüber Rom gesichert hatte, stritt mit den getreuen Anhängern des Papsttums. Der hohe Klerus, mit seinen fürstlichen Einkommen und seinem fürstlichen Lebenswandel stand in schärfstem Gegensatz zu dem niederen Klerus, dem »geistlichen Proletariat«, und noch mehr zu den Horden von armen »Abbés« ohne eine Abtei. Weit über die Hälfte der Literaten rekrutierte sich aus dieser Schicht. Einigen gelang es, doch eine kleine Pfründe zu ergattern, die meisten stießen zur Opposition und wurden ihre wichtigsten Wortführer.

Es ist begreiflich, daß sie bald Freidenker wurden, Ungläubige, Atheisten, wofür bereits eine reiche Tradition bestand. Im vorangegangenen Jahrhundert hatte schon Pater Mersenne unvorsichtig behauptet, es gäbe in Paris mehr als vierzigtausend Atheisten; er hatte das rasch zurückgenommen, ehe der Satz in

Druck ging. Für Diderots Zeit kann man keine Zahlen nennen. Was die führende Oberschicht glaubte, läßt sich am besten daraus ermessen, daß der König völlig beruhigt erklärte, er brauche vor seinem Ende nur zu bereuen und sei damit völlig gerechtfertigt. Er hat in der Tat an den wenigen gefährlichen Wendepunkten einer unverwüstlichen Gesundheit, die alle Strapazen seines »Hirschparks« siegreich überstand, für ein paar Tage die jeweilige Mätresse hinausgeschickt und seinem Beichtvater die vorgeschriebenen Formeln aufgesagt. Sobald die Krise vorüber war, lebte er sein übliches Leben weiter, und niemand wagte, dagegen Einspruch zu erheben. Als fromm galt lediglich die Königin, die in einem Winkel des Schlosses eine kleine und ziemlich einflußlose Clique um sich versammelte beim Kartenspiel um berüchtigt hohe Einsätze. Die wirkliche Königin und Herrscherin, die Pompadour, hätte gerne ihren Frieden mit der Kirche gemacht, denn sie mußte ihre stets bedrohte Stellung nach allen Seiten hin absichern. Sie bewarb sich sogar, zu ihrer sonstigen Machtstellung fast grotesk, um den Posten einer Hofdame der Königin, aber dafür verweigerten ihr die Beichtväter der Majestät die Kommunion, die als Vorbedingung angesehen wurde. Bei der Vertreibung der Jesuiten hat dieser kleine Zug seine Rolle gespielt.

Vom hohen Klerus werden wir zum Kardinal Bernis noch etwas erzählen. Die sonstige große Gesellschaft folgte getreulich dem Beispiel des Hofes. Das ist nicht alles, wie man zu sagen pflegt. Der Vater Diderot in seinem Langres war zweifellos ein gottesfürchtiger Mann und bewies das auch in seinem Testament mit vielen wohlverteilten Legaten. Wir sind aber in Paris und bei dem Sohn Denis.

Ein Bekannter kam im Kaffeehaus an ihn heran und gab dem zu jeder literarischen Arbeit Willigen einen Tip: Die portugiesischen Missionare suchten einen Mann, der ihnen einige wirkungsvolle Sermone für ihre Zöglinge in Übersee verfassen könne. Diderot griff zu und verdiente sich ein überraschend hohes Honorar, sehr viel mehr, als die Verleger boten. Ein halbes Jahr hätte er davon leben können, aber auf die finanzielle Seite seines Metiers hat er sich nie recht verstanden. Er war ein

Verschwender, in Gelddingen wie im Geistigen. Jeder gute Freund, der etwas brauchte, fand eine offne Börse, und selbst solche, die er bald als unverschämte Ausnutzer erkannte, ließ er nicht ohne Trost. Er lachte und hob sich den Kauz für eine seiner Schriften oder eine Briefstelle auf. Unter »humeur« verstand seine Zeit meist die Gesamtheit der Gemütsanlagen, auch die Laune, auch die schlechte Laune, die am weitesten verbreitet war. Uns will Diderot fast als der einzige französische Autor seiner Epoche erscheinen, der neben Witz und Geist auch Humor in der hohen Bedeutung des Wortes besaß, zum mindesten im Leben.

Und dann war er glorreich leichtsinnig. Er litt nicht unter seiner Armut, dem Mangel an Stellung oder Einfluß. Es fehlte ihm gänzlich die fiebrige Gereiztheit seines Freundes Rousseau. Er kämpft nicht um jeden Zoll Boden auf dem Pariser Parkett. Er verzehrt sich nicht vor Kummer, wenn er da oder dort nicht eingeladen wird. Nicht einmal schäbige Honorare für solide geleistete Arbeit bringen ihn in Harnisch, und damit dürfte er noch einsamer dastehen unter den Zeitgenossen als durch seinen Humor. Nahezu abwesend geht er seinen Weg und läßt die Dinge an sich herankommen. Es sind die üblichen Aufträge des Verlagsgewerbes: Übersetzungen, Bearbeitungen, eine griechische Geschichte nach dem Englischen, eine philosophische Schrift aus dem Englischen, ein sechsbändiges medizinisches Lexikon aus dem Englischen. England ist die große Mode auf allen Gebieten. Man spricht schon von Anglomanie. Voltaire hat sogar die politischen Zustände des feindlichen Landes, zum Kummer aller nationalbewußten Franzosen, gepriesen und Newton als den Heros einer neuen Epoche der Wissenschaften gefeiert.

Leichtsinnig heiratet Diderot auch. Er war nicht mehr so ganz jung, Ende Zwanzig, das Mädchen, seine Nanette, über dreißig. Es wurde eine veritable Liebesheirat und eine schlechte Ehe, wie häufig. Das Mädchen war groß und schlank, Tochter einer verarmten Fabrikantenwitwe; mit der Mutter betrieb sie einen kleinen Handel mit Wäsche und Spitzen, den sie ungern aufgab. Der Vater Diderot sträubte sich energisch gegen die Verbindung. Er sah darin nur einen neuen törichten Streich seines Sohnes und ließ ihn sogar bei einem Besuch in Langres einsperren; die väterliche Gewalt im Ancien régime reichte weit. Denis entfloh und schloß heimlich die Ehe in einer der Kirchen, die für solche Zwecke ohne sonderliche Formalitäten zur Verfügung standen. Wie manche Freidenker und Rebellen hatte er in Fragen der Lebensführung durchaus patriarchalische oder besser selbstherrliche Anschauungen. Madame Diderot hatte sich zu fügen. Er war eifersüchtig und untersagte ihr daher die Weiterführung ihres Berufes, den sie schon aus Rücksicht auf ihre Mutter und die stets sehr dürftig bestellte Familienkasse gern beibehalten hätte. Beim Wäsche- und Spitzenhandel kam man aber leicht mit etwas kecken Kunden in Berührung; Diderot machte diese Tür zu. An seinem geistigen Leben ließ er sie nicht teilnehmen; sie hätte dazu auch kaum die Anlage gehabt, sie konnte lesen und schreiben und hatte eine Klostererziehung mäßiger Art gehabt, aber ihre Briefe sind völlig nichtssagend und kleinbürgerlich. Diderot überließ ihr die Sorge für den kleinen Haushalt und übergab ihr sogar das wenige Geld, das er verdiente; sie wiederum sparte, um dem Herrn des Hauses den unentbehrlichen Morgenkaffee, noch eine Kostbarkeit, zu gönnen, den er allein trank. Sie legte ihm ergeben die sechs Sous auf den Tisch, damit er ins Kaffeehaus gehen und dort seine Bekanntschaften machen konnte, von denen sie nichts erfuhr. Die Bekanntschaften dehnten sich auch auf Damen aus, und davon mußte sie etwas erfahren. Eine junge und ehrgeizige Advokatenwitwe, Madame de Pusieux, wird einige Jahre als zweite Frau oder Mätresse namhaft gemacht; Diderot spricht von einer heftigen Passion. Auch solche Verhältnisse gehörten zu den Prärogativen des Ehemannes älteren Stiles. Die Dame ließ sich von ihrem Freund ihre schriftstellerischen Arbeiten korrigieren oder größtenteils schreiben, denn sie hatte beträchtliche Ambitionen, als Autorin zu glänzen. Es kam zum Bruch, als sie es auf eigne Faust versuchte. Sie hatte aber auch etwas anspruchsvollere Gewohnheiten als die geduldige Ehefrau. Um diese zu befriedigen, die nicht gut aus der Familienkasse bestritten werden konnten, soll Diderot seine erste selbständige Schrift publiziert haben. Das Honorar von 600 Francs ging an Madame de Pusieux. Sonst ist wenig von ihr bekannt. Es sind die dunklen Jahre. Wir können sie weder durch Informationen noch Kombinationen aus späterer Sicht aufhellen. Wohl aber sind einige Freunde und Bekanntschaften aus dem Kaffeehaus zu erwähnen und die Kulissen der Bühne, auf die Diderot, der Dreißigjährige, hinaustrat.

Ein Kardinal

In einem ganz billigen Lokal, zu sechs Sous das Mittagessen, traf Diderot seinen früheren Schulgenossen aus dem Kollegium Louis-le-Grand, Bernis. Genauer de Bernis, noch genauer Graf de Bernis, aus sehr alter provenzalischer Adelsfamilie; freilich nur ein jüngerer und daher sehr armer Sohn, den man wie üblich für die geistliche Karriere vorgesehen hatte. Der Kardinal und allmächtige Minister Fleury sollte ihm als Freund des Hauses eine Stelle verschaffen, aber der uralte Herr war streng und sparsam mit seinen Empfehlungen. Man hatte ihm berichtet, der junge Eleve sei renitent. Schlimmer noch, er habe heimlich im Bett ein gebratenes Hühnchen gefressen. Der Kardinal lehnte daher ein für allemal jede Protektion ab, als das Bürschlein vor ihm erschien: »Solange ich lebe, bekommen Sie keine Stelle!« Der junge Bernis, mit einem Blick auf den achtzigjährigen Greis, erwiderte frech: »Eminenz, ich kann warten!« So erzählte er wenigstens, und dieses Wort machte die Runde und gefiel allgemein, denn Fleury war verhaßt durch seine allzulange Ablehnung aller Gesuche um einen der zahllosen einträglichen Posten. So mußte sich der junge Bernis die billige und jeden Mangel an feiner Wäsche – das Kennzeichen des Mannes von Welt – verdeckende Soutane eines Abbé um die Schultern schlagen und auf die Suche gehen. Er dichtete, er schrieb eine gewandte, ganz vorzügliche Feder, mit der er später, in geschliffenen Briefen, sogar Voltaire die Spitze bieten konnte. Er war groß, mit einem rosigen rundlichen Gesicht, ein Cherub, ein wahrer Engelskopf, und wie bei den Engeln, war es auch mit seinem Geschlecht etwas unbestimmt bestellt; er hatte stark feminine Züge. Aber er bewegte sich mit vollendeter Sicherheit des Sohnes aus großem Hause, und er besaß eine unschätzbare Eigenschaft: Er war überzeugt, daß er warten könne. Mit dieser bescheidenen, aber seltenen Ausstattung hat er es dann weit gebracht, wie wir noch sehen werden. Zunächst war er, wie Diderot, ein armer Teufel, der für die schlecht zahlenden Buchhändler etwas schrieb, anonym, wenn es sich um verfänglichere Dinge handelte, die man sich später einmal als Kardinal nicht vorhalten lassen wollte. Neben seinen Verslein über Schmetterlinge, die umhergaukeln, eine Blume antupfen und sich rasch wieder absetzen, oder Oden an den Müßiggang wird Bernis auch als Verfasser einer kleinen Verserzählung »Nocrion« im imitierten Stil des altfranzösischen Fabliau vermutet, die das Thema für Diderots kecke Jugendsünde, die »Bijoux«, behandelt. Darüber mögen sie bei dem schlechten Essen gesprochen haben. Der junge Provenzale war keineswegs mißvergnügt; er gab seine Weisheit zum besten, daß die Menschen von einem traurigen Gesicht bald gelangweilt werden. Vielleicht hat er auch gesagt, wie er dann in seinen Memoiren stolz verkündigt: »Ich wußte, daß ich mit vierzig jemand sein würde.« Das paßte nicht schlecht zu Diderots Maximen. Zwei junge angehende Literaten also, wie es Hunderte in Paris gab.

Wir wollen Bernis vorwegnehmen und einen Blick über das ganze Zeitalter hinweg werfen. Wir schreiben keine Chronik. Er ist ein einzigartiger Fall schon dadurch, daß er als ein Nichts, ein kleiner Versemacher, beliebter Gesellschafter, ein Schöngeist berufen oder vielmehr dazu gedrängt wurde, eine wahrhaft welthistorische Rolle zu spielen; für ein kurzes Jahr nur, doch mit Folgen, die wir noch heute spüren. Denn er war es, der die Verhandlungen führte über das Vorspiel zum Siebenjährigen Krieg und die alle Welt konsternierende große Kehrtwendung Frankreichs: Bruch mit Brandenburg-Preußen, dem Bundesgenossen, den Richelieu großgezogen hatte, und Bündnis mit dem jahrhundertealten Erbfeind Österreich-Habsburg. Mitten unter diesen Verhandlungen hat Bernis sich, sehr nebenbei, wie sich versteht, noch einmal mit dem Jugendbekannten Diderot und dessen Enzyklopädie beschäftigen müssen, aber das blieb am Rande, und wir lassen es jetzt beiseite. Wie kam der Abbé zu einer solchen Rolle? Wir haben dabei Gelegenheit, auch etwas über den Staat, die Kirche, die Gesellschaft zu erfahren – alles Themen, die unseren Diderot in der Theorie sehr beschäftigt haben. Bernis wurde in die Praxis gezogen, und da sieht es bekanntlich anders aus. Er mußte Entscheidungen treffen, im Hier und Heute, mit schlechtem Gewissen und üblen Vorahnungen; er war kein Mann der Tat. Es entschuldigt ihn etwas, daß auch sonst kein Mann der Tat vorhanden war. »Wir haben keinen Monarchen, keine Minister, keine Generäle«, schrieb der Minister Bernis auf dem Höhepunkt der Katastrophe, die er mit herbeigeführt hatte. Er präzisierte die Situation völlig richtig. Sein Urteil möge als Korrektur für Vorstellungen vom »Zeitalter des Absolutismus« dienen und auch für die vom Funktionieren so mancher absoluten Regierungsform. Er hätte auch sagen können: Wir haben keinen Mann. In Frankreich regierte für zwanzig sehr lange Jahre eine Frau, ein Weib, ein Weibchen, die Pompadour.

Auch dies ist wichtig für die gesellschaftliche Ordnung, und Unordnung, in der Diderot lebte. Es war – nicht nur in Frankreich – das Zeitalter der Weiberherrschaft: in Frankreich die verschiedenen Mätressen, in Rußland Katharina, in Wien Maria Theresia, alle von dem enragierten Weiberfeind Friedrich dem Großen in dem Wort zusammengefaßt von den »drei Huren«, die Europa regierten. Frauen machten die Salons, in denen die Literatur gemacht wurde. Sie machten die Politik, die Mode auf allen Gebieten. Für sie wurde geschrieben und philosophiert, für sie wurden die Kriege geführt. Und dann gab es noch die vielen Halbmänner, Hermaphroditen oder Kastraten, von denen einer, der große Sänger Farinelli, in Madrid am Hofe des schwachsinnigen Ferdinand VI. sogar in der hohen Politik mitsang.

Ein solcher Halbmann oder Halb-Kastrat war auch Bernis. Er galt unter Männern und Frauen als »ungefährlich«, was immer der physiologische Grund dafür gewesen sein mag. Damit machte er seine Karriere, neben seinen unleugbaren Talenten als liebenswürdiger Gesellschafter. Er stand in allen Salons hinter den Stühlen der Damen und verstreute Komplimente der feinsten Art. Voltaire, den er im Salon der Pompadour traf, als diese noch nicht die Pompadour war, sondern Madame d'Etioles, Gattin des Neffen eines Liebhabers ihrer Mutter, nannte Bernis »Babette das Blumenmädchen«. Die Pompadour hatte für ihn die freundliche Bezeichnung »mein flaumiges Täubchen«. Er soll ihr bei dem großen, sorgfältig vorbereiteten Coup, den indolenten König Louis XV. zu erobern, behilflich gewesen sein, und das war keine kleine oder leichte Sache, denn sie mußte gegen die Konkurrenz von zahlreichen Damen des höchsten französischen Adels durchgeführt werden, die alle um die Ehre der Maitresse-en-titre wetteiferten; die Halbmänner ihrer Familien unterstützten innigst diesen Kampf um das königliche Bett. Eine solche Verbindung versprach ungeahnten Segen, noch für Neffen und Enkel, und das Land war ohnehin bankrott, wie man ganz gut wußte.

Im Kreis um die Pompadour diente der appetitliche und ungefährliche Abbé sich empor. Es ging langsam, aber er konnte warten, nach seiner weisen Maxime. Er bekam eine kleine Pension und durfte im Dachgeschoß der Tuilerien wohnen. Er gab seiner Beschützerin gute Ratschläge und qualifizierte sich damit für einen diplomatischen Posten nicht gerade erster Ordnung. In Venedig taucht er für drei Jahre als Gesandter auf, auch in den Memoiren Casanovas, der ihm dort in einem eleganten Casino Gelegenheit gab, als Voyeur an den Liebesspielen des großen Schriftstellers mit der Nonne M.M. teilzunehmen und herkulische Leistungen bis zur ausgesprochenen Akrobatik zu beobachten. Nebenbei wurde wohl auch etwas Spionage betrieben; Casanova mußte deshalb in die Bleikammern. Seine Flucht aus dem Gefängnis wurde das Paradestück seiner Erzählungen, und er trug es dem Casino-Genossen sogleich vor, als er nach Paris kam. Bernis war dort schon höher aufgerückt und hörte sich auch aufmerksam den Plan des Abenteurers an, Frankreich durch eine große Lotterie vor dem finanziellen Zusammenbruch zu retten. Für die Finanzgeschichte der Zeit ist hier kein Platz, so interessant sie wäre. Selbst der Hofhistoriograph des Zeitalters,

Duclos, hat sie mit Bedauern übergehen müssen in seinen umfangreichen Publikationen, wie in einem seiner Vorworte bemerkt.

Bernis war nun »jemand«, mit vierzig, wie er angekündigt hatte. Man zog ihn zu der folgenreichsten Affäre des Regimes heran, den Geheimverhandlungen mit Wien. Sie wurden vom König und seiner Favoritin hinter dem Rücken der Staatsminister geführt. Die Minister waren nicht ganz ohne Einsicht; einer von ihnen meinte, der Seekrieg gegen England sei wichtiger als die kontinentalen Händel; Kanada und Louisiana waren bedroht, Indien nicht viel weniger, aber was wußte man von diesen entfernten Ländern als allenfalls märchenhafte Geschichten von grotesken Sultanen im Orient oder naiven Wilden aus der Gegend der Fallensteller? Obendrein zankten sich die Staatsminister in aller Öffentlichkeit. Bernis bemerkte: »Welch ein Skandal, die großen Staatsaffären wie in einem Kaffeehaus ausgetratscht zu sehen!« In den Kaffeehäusern wurde ebenfalls debattiert, und da war Österreich als alter Erbfeind sehr unbeliebt, Preußen hingegen mit seinem König als Gönner der Philosophen und Schöngeist, der sogar Verse machte, hoch geschätzt. In einem seiner Gedichte hatte Friedrich eine Zeile über den Abbé Bernis fallenlassen, mit dem Beiwort »fade«, und als die Weltgeschichte für Frankreich dann schauderhaft schief ging, beschuldigte man den Ehrgeizling, er habe deshalb den Siebenjährigen Krieg entfesselt.

Er war nur das Instrument der Pompadour. Die haßte den Weiberfeind Friedrich aus anderen Gründen. Man hatte ihr erzählt, er habe eine seiner Windhündinnen, die seine Favoritinnen waren, nach ihr benannt, und dies, während sogar die sehr sittenstrenge Maria Theresia ihr alle Ehren erwies, mit geheimem Seufzen über solche Notwendigkeiten der Staatsräson, aber immerhin in voller Form. Müssen wir noch sagen, daß solche kleinen Züge nicht die Weltgeschichte sind? Oder, daß sie doch sehr verhängnisvoll zu ihr beitragen können? Natürlich läßt sich in sehr viel höheren Regionen über die damalige Situation diskutieren. Es gibt gewichtige Betrachtungen neueren Datums, die es für durchaus wünschenswert halten, wenn »schon damals« der weitere Aufstieg Preußens verhindert worden wäre, oder wenn man es, was der Plan des Wiener Kanzlers Kaunitz vorsah, aufgeteilt hätte, bis nur ein kleiner Rumpf Brandenburg verblieb. Das große »wenn!«, mit dem so oft hantiert wird, ist im Grunde nichts anderes als eine umgekehrte und reichlich impotente Form der Utopie. Der Historiker als der nach rückwärts gewandte Prophet – das ist ein Wort Schlegels. Paul Valéry hat es boshaft parodiert mit der Frage, welcher Unterschied denn zwischen einem Geschichtsschreiber und einer Wahrsagerin bestünde? Die Kartenschlägerin, so meint er, könne durch die Ereignisse widerlegt werden; nicht so der Historiker.

Auf alle Fälle wurden die Spekulationen der großen Allianz auf das gründlichste widerlegt. Bernis, der wider seinen Willen und sein besseres Wissen bis zum Außenminister aufrückte, rühmte sich, er habe eine halbe Million Mann gegen Preußen ins Feld gebracht. Er rühmte sich auch nachträglich, er habe das Unheil kommen gesehen oder zum mindesten in Rechnung gestellt; er hat tatsächlich versucht zu bremsen, aber er wurde von der sehr entschiedenen Diplomatie in Wien überspielt. Überhaupt überspielte da fortwährend einer den anderen, auch innerhalb der Koalitionen, die gegeneinander antraten, wie das üblich ist. Wir setzen die Geschichte dieses Kriegs als ungefähr bekannt voraus. Der rosige Abbé und Außenminister, das »Täubchen«, wurde der falkenhaften Pompadour jedenfalls bald zu zaghaft und mußte abtreten. Man hatte einen Trostpreis für ihn zur Hand: Er wurde Kardinal. Ein geistlicher Posten war das nun freilich nicht, zunächst, und es wäre schwer zu erkennen, welche kirchlichen Verdienste der Diplomat Bernis denn für seine Berufung in den höchsten Stand der Hierarchie aufzuweisen hätte. Er hatte nicht einmal die Weihen erhalten, was dann rasch nachgeholt wurde. Wenn er, trotz seines ängstlichen und etwas koketten Mißtrauens gegen seine Fähigkeiten als Staatsmann, doch daran gedacht hatte, eine überragende Rolle zu spielen als ein neuer Richelieu oder Mazarin, so machte seine bisherige Protektorin dem bald ein Ende. Gerade die Beispiele dieser beiden großen Kardinäle schreckten, und sie ängstigte damit den immer vom soliden Bewußtsein seiner Mittelmäßigkeit geplagten König. Der Kardinal Bernis wurde von Hof verbannt. Er konnte sich mit den enormen Bezügen trösten, die ihm nun zukamen, und mit großen Pfründen in den verschiedensten Landesteilen begann er sogar Gutes zu tun und ein wenig in seine Rolle als Kirchenfürst hineinzuwachsen. Man tröstete ihn noch weiter; er wurde Erzbischof des Sitzes Albi in seiner Heimatgegend und gelangte damit in den Genuß der Einkünfte des drittreichsten französischen Erzbistums. Ein Revirement, wie man in der Diplomatensprache sagt, hatte dazu stattfinden müssen: Der Erzbischof von Cambrai, ein unehelicher Sohn des ehemaligen Regenten, war gestorben, und Choiseul, der Bernis als Leiter der Geschicke Frankreichs gefolgt war, versetzte seinen Neffen, dem er Albi zugeschanzt hatte, nun auf diesen noch erheblich einträglicheren Kirchenposten und machte die Würde in der uralten Albigenserstadt, dem Zentrum der größten Ketzerbewegung des Mittelalters, für Bernis frei. Wir führen nicht noch die anderen Persönlichkeiten vor, die das hohe Episkopat Frankreichs bildeten. Diese drei mögen genügen. Es empfiehlt sich, solche Details im Auge zu behalten, wenn von der Erschütterung des Glaubens und den Anschlägen der Philosophen, Freidenker und Atheisten auf die geheiligte Ordnung der Kirche die Rede ist. Denn diese Zustände bildeten nicht eben den Hintergrund. Solche Männer standen weit vorn, nach ihrer Ansicht sogar an der Spitze. Bernis verfügte nunmehr über ein Einkommen von rund einer Million im Jahr, und der ehemalige Abbé in der billigen Soutane verwaltete es mit Würde. Das erste Diner, das er im Erzbischofspalast gab, dauerte drei Tage, und von da ab datierte sein Ruf als einer der glänzendsten Gastgeber der Epoche bis zur Revolution. Er umgab sich, ganz wie das zu Rom seit undenklichen Zeiten ihm vorgespielt wurde, mit einem großen Hofstaat von Nepoten. Die weiblichen Kusinen fehlten dabei nicht, und eine von ihnen agierte als die Dame des Hauses. Im übrigen hatte er dem Fleischgenuß abgeschworen und lebte fortan, aus weiser Rücksicht auf seine Gesundheit, vegetarisch, was die eigne Person anbetraf. Auch in anderer Beziehung führte er gewissermaßen einen vegetarischen Stil ein, wenn das nicht schon vorher der Fall gewesen war; Casanova hat bei seinen späteren Begegnungen mit dem hohen Herrn nichts Verfängliches mehr zu erzählen. Bernis soll übrigens als Erzbischof sein kleines Reich mit Umsicht und Tatkraft regiert haben. Sogar für die Bauern und Handwerker wurden einige wohltätige Maßnahmen eingeführt oder geplant. Er predigte und meinte: »Die Kosten eines einzigen großen Festes, bei dem obendrein mehr Langeweile herrscht als Pracht, könnten eine Arbeiterfamilie ein Jahr lang unterhalten.«

Noch einmal wurde Bernis aufgerufen, an einer der großen Affären der Zeit mitzuwirken: der Vertreibung der Jesuiten. Im großen gesehen, ist das eine Episode geblieben, aber sie hat die Zeitgenossen ganz ungemein beschäftigt, mehr als der Siebenjährige Krieg. Sie ist eine entscheidende Etappe in der »Aufklärung«, die nicht nur eine Angelegenheit der Schriftsteller und ihrer Enzyklopädie war. Denn da wurde von den katholischen Mächten, die als die altbewährten Stützen der Kirche galten, ein ganz gewaltiger Schlag gegen das Papsttum geführt. Portugal, Spanien, Frankreich, zum Schluß auch Österreich, vereinigten sich, um die stärkste Kampftruppe Roms ein für allemal zu zerschmettern. Voltaires Briefformel mit dem »Écrasez l'infame« ist allgemein bekannt und wird oft etwas überschätzt; in seiner Korrespondenz mit dem Jugendgenossen Bernis sprach er nicht von »Vernichtung der Infamen!« Hier aber gingen die allerkatholischsten Staaten vor, mit allen Mitteln der Regierungsgewalt. Die Katastrophe kam völlig überraschend, und das machte sie um so eindrucksvoller. Soeben hatte die Gesellschaft Jesu noch als eine Weltmacht dagestanden, mit unberechenbarem Einfluß auf Erziehung, die Höfe, die Diplomatie, riesigen Geldmitteln und Handelsgesellschaften. Sie besaß sogar eigne Kolonien in der Neuen Welt, die Jesuitenreduktionen in Südamerika, wo einige Hunderttausend Indios friedlich-fleißig unter der patriarchalischen Leitung der Väter und Protektoren ein nahezu pflanzenhaftes Leben führten, geregelt vom Glockenzeichen am Morgen bis zum Abend. Von da, von diesem stillen Winkel der Welt, im heutigen Paraguay und Argentinien, ging der Feldzug aus, der in wenigen Jahren die Jesuitenorden von der Landkarte fegte. Blutige Kampagnen mußten in der Tat geführt werden in den Kolonien, um die Indios ihrer Bestimmung als Sklavenmaterial für die spanisch-portugiesische Küstenbevölkerung zuzuführen. Prozesse gegen die großen Handelsgesellschaften des Ordens folgten, Anklage wegen versuchter Attentate, Besetzungen päpstlicher Landesteile. Statt der »grauen Eminenzen«, denen man die Lenkung der europäischen Geheimdiplomatie zuschrieb, sah eine sehr erstaunte Generation die Väter als Flüchtlinge, bald nicht einmal mehr in Rom geduldet, den General des Ordens bis zu seinem Tode als Gefangenen in der Engelsburg. Die äußerste Ironie der Kirchengeschichte wurde es, daß die Flüchtlinge allenfalls bei dem erklärten Atheisten Friedrich von Preußen und der Herrscherin über die russische Ketzerkirche, Katharina, eine Zuflucht fanden. Auf russischem Territorium konnten die Versprengten sich sammeln und ihre Organisation neu begründen. In Rom waren sie bis zur Restauration nach den Napoleonischen Feldzügen verboten.

Bei dem Verbot des Ordens durch den Papst hat Bernis seine letzte große Mission erfüllt, auch diese mit halbem Herzen und schlechtem Gewissen, aber mit unleugbarer diplomatischer Gewandtheit. Er galt, nicht nur für den Jugendfreund Voltaire, als der Papstmacher, der den beschränkten und ziemlich armseligen Franziskaner Ganganelli auf den Heiligen Stuhl brachte; er war es, der dafür sorgte, daß der Hilflose nach dem Diktat Spaniens und Frankreichs die Auflösung des Ordens unterzeichnete. Er war nicht der einzige Kardinal, der dabei mitwirkte. Und als der unselige Klemens XIV. starb, vergiftet, wie das Volk glaubte, wahrscheinlich aus Angst vor dem Gift und dem bösen Blick, war Bernis unzweifelhaft der Doyen im Konsistorium, der für die Wahl des Nachfolgers Pius VI. sowie die Fortführung der Politik eines ergebenen Befehlsempfangs für die Weisungen der katholischen Monarchen verantwortlich wurde. Zwanzig Jahre hat er noch als »ungekrönter König« von Rom dort residiert als Kardinal und Botschafter. Er korrespondierte mit Voltaire. Er gab Gesellschaften für zweitausend Personen. Sein prachtvoller Palazzo de Carolis übertrumpfte an ausgesuchter Küche, Kutschen und Horden von Dienerschaft bereits den Glanz des Hofes von Versailles, wo man unter dem Einfluß von Ratgebern aus dem

Kreis der Enzyklopädisten zu sparen begonnen hatte, um den offen zugegebenen Staatsbankrott zu verhindern. Die Einkünfte des Kardinals flossen weiter. Seine elegante Beziehung zu der launisch-amüsanten Fürstin di Santa Croce, die er täglich besuchte oder empfing, war das wohlwollende Stadtgespräch von Rom, das darin nichts anderes sah als den bekannten Brauch des Cicisbeo oder Cavaliere servente. Von den Gedanken einer neuen Zeit angekränkelte Jünglinge sprachen allerdings schon davon, daß »dies alles« wohl nicht mehr lange dauern könne. Man verstand darunter mehr als den immer noch rosigen Kardinal, dessen Cherubkopf nun ein dreifaches Kinn schmückte und den manche für einen künftigen Träger der dreifachen Tiara ansahen. Seine Gesundheit war so vorzüglich wie seine Manieren. Die Maxime des Wartenkönnens, die er Diderot verkündigt hatte, blieb unerschüttert erfolgreich, beinahe bis zum Schluß. Ein klein wenig zu lange hat er gewartet. Dann kamen aus Paris Edikte, die weit über die Anweisungen zum Verbot der Jesuiten hinausgingen: Sämtliche Orden wurden aufgelöst in Frankreich. Eine neue Instanz, Nationalversammlung genannt, erließ Befehle. Sie verlangte den Eid auf ihre Verfassung, den Bernis verweigerte. Er wurde als Botschafter entlassen, seine Einkünfte versiegten. Eine spanische Pension ermöglichte es ihm, seinen Palast zu behalten, der sich mit hocharistokratischen Flüchtlingen füllte. Er hat noch ein feierliches Totenamt für den guillotinierten König gelesen, mit angesehen, wie französische Studenten in der Kunstakademie eine Gipsstatue aufrichteten: »Die Freiheit zertritt die Hydra des Despotismus«, und starb im Herbst 1794. Wenige Jahre später rückten die Truppen seiner Landsleute unter Berthier in Rom ein. Das Kardinalskollegium zerstreute sich. Der General verkündete die römische Republik und führte den achtzigjährigen Papst als Gefangenen Bonapartes ab. Das Ende für »all das« war in der Tat gekommen, und es wurde sehr sinnfällig demonstriert: Der Neffe Pius' VI., Graf Braschi, steckte sich die dreifarbige Revolutionskokarde an den Hut und versuchte in der Rolle eines Bürgermeisters der neuen Ordnung wenigstens einen Teil des rasch angesammelten Familienvermögens zu retten.

Wir haben vorgegriffen und kehren zurück in den bescheidenen Gasthof mit den beiden hoffnungsvollen und armen jungen Leuten. Es wimmelte in Paris von solchen, ob sie in der billigen Soutane eines Abbé einhergingen oder im grauen Wollrock und mit gestopften Strümpfen wie Diderot. Keiner von ihnen hat es so weit gebracht wie der hübsche Bernis, jedenfalls nicht auf dem Gebiet äußerer Ehren und des Mitspielens bei großen politischen Ereignissen. Auf anderem Felde, wo auch große Entscheidungen fielen, haben die Philosophen, wie sie genannt wurden, die Literaten nach heutigem Wortgebrauch, gewirkt. Beide benutzten die Feder und das Gespräch als ihr Handwerkszeug. Bernis war im Grunde nichts anderes als ein Schöngeist, der in die hohe Politik geriet. Wenn wir im Stile Diderots moralisieren wollten, könnten wir ihn als ein warnendes Beispiel anführen. Das stets brutale Hier und Heute erfordert andere Ausrüstung. Wir haben den Vorteil der nachträglichen Betrachtung und sehen im Leben dieser Randfigur einige Konturen der Zeit abgezeichnet.

Rousseau

Noch ein anderer Jugendgenosse trat damals im Kaffeehaus »Zur Regence« an Diderot heran, wurde sein Freund für fünfzehn Jahre und dann sein erbitterter Feind: der Genfer Jean Jacques Rousseau. Er ist keine Randfigur wie Bernis. Man hat eine ganze Epoche nach ihm benannt als die »Rousseaus und der Revolution«. Er wird als eine der ganz seltenen Erscheinungen angesehen, bei denen ein Autor, mit nichts als seiner Feder bewaffnet, »Geschichte machte«, was kaum von einem anderen jenes Zeitabschnittes, den großen Voltaire eingeschlossen, gesagt werden kann. Die Tatsache, daß der bereits – vielleicht zu seinem Glück – verstorbene Rousseau von der Französischen Revolution adoptiert wurde und daß diese in seinem »Contrat social« ein Grundgesetz ihrer neuen Ordnung sah, haben dieses Bild bestimmt. Die gewaltige Wirkung ist unverkennbar; sie dauert noch an in manchen, meist unbewußten Abwandlungen des Rousseauismus. Er erscheint uns aber nicht so sehr als ein Gestalter der Zeit denn als ein Ausdruck von Stimmungen und Zeitgefühlen, so unbestimmt es immer mit dem stehen mag, was man den Zeitgeist nennt. Unbestimmt waren seine Grundthesen: Gefühl, das Herz, war das Evangelium, das er verkündete; die »bloße Vernunft« wurde entschieden verworfen, mit der bekannten Parole vom zurück zur Natur, dem ersten Menschen in seiner Unschuld und Güte. Rousseaus eigentliche Wirkung fällt erst in den Spätabend Diderots und die Zeit danach. Aber gerade die enge und folgenreiche Freundschaft der beiden mag uns dazu dienen, die dunklen Jahre im Leben Diderots etwas aufzuhellen, und auch die großen Gegensätze, die zur Etikettierung von Epochen verwendet werden. Hier der Rationalismus und da die große Welle der Gefühlsbetonung des Rousseauismus, so wird unterschieden. Man macht es sich damit zu leicht. In der Brust des einzelnen Menschen liegt das zusammen und verschränkt sich. Vielfach ist die Aufschrift nur verändert. Man sprach vor Rousseau lieber von den Passionen, und nicht so sehr vom Herzen, das man eher etwas obenhin oder auch spöttisch erwähnte. Das kann täuschen.

Zu den Etiketten gehören die Beiworte. Trocken, so heißt es unweigerlich beim Verstand, beim Rationalismus; warm ist unweigerlich die ehrende Bezeichnung für das Gefühl. Das wurde durch Rousseau mit wahren Tränenbächen zur Mode; nie ist, zum mindesten auf dem Papier, so geseufzt, geschluchzt, geweint worden. Wir können nicht nachkontrollieren, ob und wann wirklich das Naß über die Wangen lief. Bei der Aufführung seines außerordentlich harmlosen Singspielchens »Das Dorforakel« vor dem Hof strömt Rousseau über, das ganze Auditorium heult nahezu vor Rührung nach seiner Erzählung, und dies, weil ein ländliches Paar sich nach einigen, ziemlich obligaten Eifersuchtsszenen zusammenfindet, um wie im Märchen glücklich und zufrieden sein Leben zu beschließen. Tropfte da wirklich auch nur ein einziges Perlchen auf die Schminke der hartgesottenen und in Intrigen gebeizten Damen aus dem Kreise Louis' XV.? Aber auch der Rationalist Diderot zeigte sich recht entsetzt, als der Abbé Galiani, der geistreichste Kopf und beste

Causeur des ganzen Kreises, ihm bekannte, er habe nie in seinem Leben eine Träne vergossen, weder beim Verlust seines Vaters, seiner Brüder oder Schwestern, noch seiner Geliebten. Galiani war allerdings etwa das äußerste Gegenstück zu einem Rousseau, ein Ungläubiger in jeder Beziehung: »Man darf niemals Wunder, Glück und plötzliche Veränderungen versprechen«, meinte er zur Frage der »minderwertigen Welt und besonders der Politik«. Hingegen: »Viel Ruhe, viel genaues Berechnen – nichts Unendliches, Unermeßliches! Das sind nur hohle Worte für die Dummen.« Er verkündigte auch die Parole, die Nietzsche begeisterte: »Hoch oben schweben und Krallen haben...«

Die beiden jungen Leute im Kaffeehaus schwebten nicht hoch oben über allem wie die Raubvögel. Sie hatten große Pläne, sie trauten sich allerhand zu, sie debattierten unaufhörlich mit Passion über Gott und die Welt. Es ist viel darüber gestritten worden, wer wen am meisten beeinflußt habe und wem die großen Gedanken zugeschrieben werden müssen, die Epoche machten. Darüber wird sich kaum je Genaueres finden. Die Gespräche wurden nicht aufgezeichnet. Ungemein fesselnd wirkte der junge Rousseau auf jeden Fall. Er nahm sich neben dem sehr stämmigen Diderot mit seinen Lastträgerschultern klein und zart aus, nervös, die Augen flackerten, und mit seiner Gesundheit schien es nicht gut zu stehen. Er klagte fortwährend über Schlaflosigkeit, furchtbare Kopfschmerzen, von seinen anderen Leiden, die auf einer lebenslänglichen Urämie beruhten, verursacht durch eine Verengung der Harnröhre. Er sprach schlecht, abgesehen von dem Genfer Akzent seiner Heimatstadt, stokkend, dann uferlos herausprudelnd, dann wieder scheu und beleidigt schweigend, wenn man ihn in seinen Monologen unterbrach. Aber unverkennbar zeigte er Züge von Genie, noch sehr unbestimmter Art. Der große, der ganz hemmungslose Kult des Genies, in dem Rousseau eine so prominente Rolle spielen sollte bis zur leibhaftigen Vergötterung, hatte noch nicht begonnen, und am wenigsten unter jungen Altersgenossen. Man warf Talent und Genie ganz unschuldig zusammen, wofür sich überhaupt einiges sagen läßt.

An Talenten fehlte es dem neuen Bekannten sicherlich nicht. Er schaute sich um nach den eifrigen Schachspielern im Kaffeehaus und erklärte siegesbewußt, er werde in Kürze der beste Schachspieler von Paris sein und damit die Stadt erobern. Man kam auf die Musik zu sprechen. Diderot hatte nur einige theoretische Kenntnisse. Rousseau wußte gründlicher Bescheid. Er hatte sogar ein ganz neues System der Notenschrift, mit Chiffren anstatt Noten, entworfen und gedachte es der Akademie vorzulegen. Er äußerte sich sehr kritisch über die allgemein anerkannte Harmonielehre des großen Rameau, die er grundlegend verbessern wollte. Überhaupt zeigte er sich höchst aggressiv, höchst unehrerbietig gegen jede bestehende Autorität. Sein Anzug war ungepflegt, seine runde Perücke saß lose. Er hatte Pläne für Opern mitgebracht, wobei er außer der Musik auch den Text verfassen wollte. Tasso, Ovid, Anacreon: jeder mit einem eignen Akt bedacht; das Ganze sollte »Die galanten Musen« heißen.

Man sprach auch von Dingen des Lebens, und Rousseau gab sich mit stolzer Überlegenheit als den Älteren und Erfahrenen aus, obwohl sie beide so gut wie gleichaltrig waren. Viel Gemeinsames war vorhanden: die Herkunft, auch der Genfer war Sohn eines Handwerkers, eines Uhrmachers, die Provinz; auch Rousseau hatte sich vergeblich als Hauslehrer versucht. Der künftige große Pädagoge und Erzieher der Menschheit war sehr bald seiner beiden Schüler überdrüssig geworden und bekennt in seiner Lebensrechtfertigung: »Wenn meine Eleven mich nicht verstanden, begann ich zu schwärmen und zu faseln; wenn sie sich bösartig zeigten, hätte ich sie am liebsten umgebracht.« Nur drei Mittel standen ihm zur Verfügung, nach eigner Einsicht: Gefühl, Argumentieren und Zorn. Das ist ein Grundakkord bei Rousseau.

An Selbstanalyse hat ihn keiner seiner Zeitgenossen erreicht, und noch Freud hat ihn als einen seiner Vorläufer bewundert. Berühmt ist der Bericht über seine Jugenderlebnisse, die »meinen Geschmack, meine Leidenschaften, mein Wesen für das ganze Leben bestimmten, in ganz entgegengesetzter Richtung als meine natürliche Entwicklung es gefordert hätte«. Wir wissen nicht, ob er auch darüber zu Diderot gesprochen hat. Zurückhaltend mit seinen Erlebnissen ist er schwerlich gewesen, weder damals noch später, und nicht wenige seiner Kümmernisse entsprangen daraus. Manche der frappantesten Passagen seines Lebensberichtes sind offenbar schon im Gespräch erprobt worden; von einigen läßt sich das nachweisen. Wir benutzen daher ohne größere Bedenken diese Bekenntnisse schon für jenes frühe Stadium der langen Unterhaltungen mit dem neuen Freunde. Diderot konnte zuhören, nicht immer mühelos. Rousseau war das gänzlich versagt. Er war monomanisch in seiner Ichbesessenheit, und schon darin ist er uns wichtig für das Zeitalter des entwickelten Individualismus. Er sprach, predigte, in vielem ein Nachkomme der Bußprediger in weltlicher Fassung; er forderte unablässig und mit höchsten Ansprüchen Umkehr und Abkehr von der schlechten Zeit. Er selber hat nicht einen Augenblick auch nur davon geträumt, sich zu ändern, so viele Träume er beschrieb. Folgerichtig hat er nur die große, die grundlegende, einmalige Änderung der gesamten Gesellschaft verlangt. Daraus würde sich dann alles von selber ergeben, auch für Jean Jacques. Die Leitung der neuen Gesellschaft sah er in der Hand eines strengen Erziehers, eines Superpädagogen; die autoritären Züge in seinem Modell sind in letzter Zeit, aus den Erfahrungen unserer Generation heraus, recht wohl bemerkt worden. Gerade die Unbestimmtheit seines Denkens, die vagen Parolen von einem »Allgemeinwillen«, haben das weite Echo erzeugt; daß die Auslegung und Handhabung der einmal beschlossenen Gesetze dann durch den strengen Erzieher besorgt werden sollen, der auch mit dem Tode strafen kann, wurde weniger beachtet. Es wurde freilich von den Schülern Rousseaus praktiziert. Jeder von ihnen war die volonté générale in eigner Person.

Das Widersprüchliche und Paradoxe in der Person seines jungen Freundes wird Diderot sehr angezogen haben. Er selber neigte dazu. Und all die späteren großen Projekte und Schriften waren erst im Keim vorhanden; sie konnten frei debattiert werden, noch ohne den üblen Beigeschmack des Streites um Prioritäten, das »ich habe aber doch zuerst diesen Gedanken gehabt«, der das Verhältnis allmählich vergiftete. Man tauschte aus, nahm und gab. Diderot ist darin immer sehr großzügig gewesen. Rousseau war mißtrauisch von Natur und genoß dieses Mißtrauen als Bestätigung seiner Einzigartigkeit, bis zu den süchtigen Verfolgungsphantasien, in denen er endete. Er war unfähig zur Freundschaft wie zur Liebe und sprach deshalb unablässig davon, daß sie doch die höchsten Ideale seien. Man konnte sich überhaupt – und Diderot machte darin keine Ausnahme – nicht genug tun in Anrufung der großen Allgemeinheiten, Tugend, Freiheit, Natur. Man war sich einig in der Verachtung für die Unnatur der Gesellschaft, der Unmoral, Korruption, Lieblosigkeit seiner Zeit. Man bedauerte sich herzhaft, und in den Künsten des Sichselbstbedauerns ist Rousseau von niemandem übertroffen worden.

Rousseau verstand zu klagen, über seine Mutterlosigkeit, die Schläge durch eine Dreißigjährige mit folgender lebenslänglicher Fixierung, heute für jeden leicht zu deuten, damals noch ein überraschender psychologischer Tiefblick, der auf viele kommende Schicksalsschläge hinwies. Die Suche nach der entbehrten Mutterbrust bildet eine seiner Konstanten; wir möchten dabei auch die Natur einbeziehen, die man sich unweigerlich mit »Busen« dachte, an dem gut zu ruhen war. Er findet nach einigem Umherirren eine schon betagte Dame mit entsprechender Rundung, seine »Maman«, Madame de Warens. Frauen ohne solche Formen, so erklärt er wiederholt, können ihm nichts sagen; es fehlt ihnen an »Herz«. Er wird verhätschelt, gefüttert, unterrichtet, auch in ersten Stadien sexueller Aufklärung. Sein Leben hätte er dort auf dem Gut Les Charmettes in paradiesischer, ländlicher Umgebung verbringen können, sollen, müssen. Diderot, stets den Stolz seines arbeitenden Vaters vor Augen als Vorbild, mag sich etwas verwundert haben über dieses Ideal, als ausgehaltener Liebling einer asthmatischen Gutsbesitzerswitwe sein Dasein zu beschließen. Aber ach, so gut wird es niemandem in dieser korrupten Welt, klagt Rousseau. Er muß zur Behandlung mit dem schmerzhaften Katheter nach Montpellier; auf der Reise hat er ein neues Erlebnis mit einer anderen Vierundvierzigjährigen, das einzige, wie er im Rückblick versichert, das ihm im Leben einen vollen Sinnengenuß verschafft habe. Er fügt hinzu: »Sie war sinnlich und wollüstig, aber mehr noch nahm sie Rücksicht auf meine Gesundheit als ihr Vergnügen.« Bei der

Rückkehr zu seiner »Maman« findet er schon auf der Treppe einen langen und unhöflichen Lümmel vor, der sich als Herr des Hauses gebärdet. Es ist der erste Verrat, den er erfährt – er, der soeben selber mit gutem Gewissen seine »Maman« betrogen hatte. Der Traum vom Paradies ist aus, nach vergeblichem Versuch, ihn durch ein Leben zu dreien zu retten. Er bittet um Mitgefühl für seine Empfindungen, die »so rein, so natürlich« waren. Als Hauslehrer wird er nach Lyon fortempfohlen.

Das können aber doch nicht gut die einzigen Liebeserlebnisse gewesen sein? Diderot fragt weiter. Er hat gehört, daß Rousseau, dem es offenbar nie an Protektion fehlt, auf dringende Empfehlung einer einflußreichen Dame, fast zwei Jahre in Venedig gewesen ist, als Sekretär des französischen Gesandten. Er vernimmt ausführliche Anklagen über den adelsstolzen und dummen Patron, und sie steigern sich zu einem Gesamtbild der korrupten, privilegierten Gesellschaft, die andere für sich arbeiten läßt, ohne auch nur danke zu sagen. Ein grundsätzliches gesellschaftliches Problem tut sich auf, über das eine gründliche Abhandlung zu schreiben wäre; wir werden auf das bekannte, aber bisher ungenügend behandelte Thema vom Gesellschaftsvertrag zurückkommen müssen, der nach dem Naturrecht allen Menschen freie Entwicklung ihrer Fähigkeiten garantieren soll. Nun gut, davon wird noch zu sprechen sein. Wie steht es aber mit der schönen Natur in Venedig, und den Schönen dort, von denen alle Reiseberichte zu schwärmen wissen?

Rousseau schwärmt hier nicht. Gewiß, er hat auch das absolviert, zweimal das erste mit einer Kurtisane der gewöhnlicheren Art, die ihm nur Angst vor einer Ansteckung einjagt, das andere mit einer hübschen, charmanten Jungen von feenhaften Reizen. Sie entführt den Zaghaften von einem Bankett, sie sucht ihn mit allen Künsten des Metiers zu bezaubern. Er schlägt die Hände vor das Gesicht und weint. Das muntere Hürlein meint, nachdem sie ihre Kleider geordnet hat: Mein Junge, laß die Weiber, studiere lieber die Mathematik!

Er wäre aber nicht Rousseau, wenn er für diese etwas blamable Episode nicht eine Rechtfertigung seines Versagens zur Hand hätte. Der Busen, wiederum der Busen, wird beschworen:

Im Augenblick, da er zur Tat schreiten sollte, habe er bemerkt, daß er »verkümmert« gewesen sei. Klar wie der Tag war es, »daß ich in Gestalt der bezauberndsten Person, die ich mir vorstellen konnte, nichts anderes in meinen Armen hielt als eine Art Mißgeburt, einen Auswurf der Natur, der Menschen, der Liebe.« Wir sehen, zu welchen recht verschiedenen Zwecken diese Worte benutzt werden können.

Erneut ist er verraten worden. Noch aber gab es über anderes zu reden, und da fand man sich zur Bundesgenossenschaft zusammen für eine Kampagne, die Paris eine Weile in Atem hielt. Venedig: das war die italienische Musik in aller Glorie, reicher, lebendiger als die französische, auch lustiger durch ihre Buffo-Rollen mit scharfer Beobachtung menschlicher Züge. Die Natur wurde wieder beschworen: Wieviel natürlicher war das doch als die formelle große Oper mit den künstlichen Touren ihrer Balletts und Staatsintrigen hoher Herren und Damen, die ein getreues Abbild der herrschenden Gesellschaft repräsentierten! Gastspiele der »Buffonisten« hatten schon mit Pergolesis »serva padrona« Paris in einen Begeisterungstaumel versetzt; Duni, den auch Diderot ausführlich gewürdigt hat, führte weiter hinüber zur Opéra comique; die Musikgeschichte stellt sie mit Recht höher als den Beitrag, den Rousseau mit seinem Schäferspiel vom guten Wahrsager und Dorforakel lieferte: »Le devin du village«. Aber es wurde trotzdem eine große Sache mit umfangreichem Broschürenkrieg, an dem Diderot und ein neuer gemeinsamer Freund, der Regensburger Pastorensohn Melchior Grimm, teilnahmen. Politische Parteien gab es nicht und durfte es nicht geben. So bildeten sich als Ersatz Opernparteien im Theater, für und wider die »Buffonisten«, in denen die Vertreter des Alten einen ruchlosen Anschlag auf die nationale Ehre sahen. Stolz erklärt Rousseau in seinen Erinnerungen, man habe das ernster genommen als den Streit der Regierung mit dem Parlament, das gerade ins Exil gejagt werden sollte, ernster noch als die Befürchtungen einer allgemeinen Erhebung. »Im Augenblick waren alle anderen Sorgen vergessen. Man dachte nur noch an die Gefahren für die französische Musik, und wenn noch von einem Aufstand die Rede war, so nur gegen mich.« Staatsrevolution wegen einer Musikbroschüre? Man glaubt zu träumen. So schreibt Rousseau. Das Wort Revolution hatte noch eine relativ harmlose Bedeutung, aber im Rückblick gesehen war der Theaterstreit tatsächlich ein kleines und frühes Vorspiel der Auflehnung gegen die bestehende Ordnung. Rousseau hatte die Geschichte noch verschärft durch seine Bemerkungen – die man ihm als Ausländer besonders übel vermerkte –, das Französische sei überhaupt nicht für die Musik geeignet. Man bedrohte ihn mit Prügeln, ja mit der Bastille, die durchaus für solche Verbrechen in Frage kam. Seine hochmögenden Gönner, die er immer fand, setzten sich jedoch für ihn ein. Das Singspielchen wurde sogar vor dem König gespielt, und es hieß, er habe mit der »schauderhaftesten Stimme seines Königreiches« einen ganzen Tag lang das Liedlein »All mein Glück hab ich verloren« geträllert. Die »Natürlichkeit« des kleinen Stückes mit seinen drei Personen und einem Chor des guten Landvolkes zum Schluß will uns etwas wunderlich erscheinen; im Reifrock wurde es gespielt. Und sogleich, wie für alles in Paris, brachte man eine Parodie auf die Bühne. Erst da erschienen die Schäferfiguren als echte Bauern, sie sprachen im Volksdialekt, und die Sängerin Favart trat im Leinenkittel, mit Holzpantoffeln und, zum Skandal der Kritik, in bloßen Armen auf; sie sang keine komponierten Arien, sondern Volkslieder, und das schon berühmt gewordene vom verlorenen Liebsten nach der anzüglichen Melodie »Ach, mein Eselchen hab ich verloren«. Der zwölfjährige Mozart hat diese Parodie »Bastien und Bastienne« dann wieder ins Rokoko zurückgeführt.

Mit dem Erfolg seines »Dorforakels« begann jedoch, so meint Rousseau, sein Unglück, und er datiert von da ab auch schon das Ende seiner innigen Freundschaft mit Diderot. Man habe ihm seinen Ruhm nicht gegönnt. Man sei eifersüchtig geworden, während dem noch Unbekannten jeder wohlgewollt habe. Natürlich gab es in Paris Kabalen genug, in der Literatur und am Theater wie in der Politik. Aber wir können nicht den geringsten Zug von Mißgunst bei Diderot entdecken, der vielmehr seine Genossen und Kollegen, nicht nur im Falle Rousseaus, mit fast selbstvergessener Großzügigkeit behandelte, unterstützte, förderte. Er tat das oft mit einer gewissen Nachlässigkeit, die gerade den morbide empfindlichen Jean Jacques gereizt hat. Rousseau wirft ihm mit der Pedanterie des Genies, das den Naturmenschen agiert, sogar Unpünktlichkeit bei Verabredungen vor. Und die Welt der Intrigen, über die er unablässig klagte, war die der großen oder sogenannten großen Welt. In ihr verkehrte Diderot nicht. Man sah ihn zwar in den Salons; er war ganz und gar nicht ungesellig, und zu einem der großen Häuser, dem des Barons Holbach, das zur Zitadelle der Atheisten wurde, hat er nähere Beziehungen unterhalten. Aber sehr viel mehr als Rousseau, der den Eremiten mit großem Geschick als Ideal propagierte und sich von seinen reichen Freunden gutausgestattete Hüttchen bauen ließ, zog er sich immer wieder in seine kleine Einsiedler-Wohnung zurück. Nie hat er sich, abgesehen vom Gespräch, unterhalten lassen.

Das aber wurde das Schicksal und Unglück Rousseaus, der lebenslänglich von einer reichen und einflußreichen Familie zur andern pilgerte, immer verhätschelt, protegiert und nach ärgerlichen Szenen weiterempfohlen, wie schon im Anfangserlebnis mit seiner geliebten »Maman«. Man konnte in Paris auf verschiedene Weise seinen Weg machen. Es gab den Süßholzraspler vom Stil des Bernis. Es gab zur Abwechslung den »mürrischen Schmeichler«, wie Sainte-Beuve mit einem hübschen Ausdruck Duclos genannt hat, der durch bissige und rüde Bemerkungen auffiel. Rousseau – und das macht ihn denkwürdig als ersten und erfolgreichsten Vertreter eines Typus, der viel Nachfolge gefunden hat – wurde geschätzt wegen seiner frontalen Attakken auf die bestehende Gesellschaft. Die »permissive society«, die alles erlaubt, ist nicht so neuen Datums, wie man glaubt. Von der hohen und höchsten Politik abgesehen, in der es allerdings gefährlich wurde, durfte man unter Louis dem Indolenten so ziemlich leben, wie man wollte. Nach »seiner Fasson selig werden«, wie Friedrich der Große es spöttisch über Glaubensfragen verkündete, konnte man nicht so leicht, und auch sonst gab es Ausnahmen, die uns noch begegnen werden. In Fragen der Lebensführung jedoch herrschte ungemessene Liberalität. Der Hof gab das Beispiel, der hohe Klerus nicht viel weniger, und tout Paris folgte, bis weit in das Bürgertum hinein. Die Revolution hat Rousseau adoptiert – nach seinem Tode. Zunächst adoptierten ihn die gebietenden und älteren Damen. Er erzählte seinem Freunde Diderot den guten Rat, den ihm ein kluger alter Jesuit und Redakteur des einflußreichen Kirchenblattes »Journal de Trévoux« gegeben hatte bei seinem Eintreffen in Paris: »Man erreicht hier nur etwas durch die Weiber. Sie sind so etwas wie die Kurven in der Mathematik, die Weisen bilden die Geraden; sie nähern sich unaufhörlich, aber treffen sich nie.« Von Kurven hielt Rousseau viel. Er folgte dem Mentor, der ihm auch sogleich die wichtigsten Adressen gegeben hatte. Mit Erstaunen vernahm Diderot, daß darunter auch die unermeßlich reiche Generalpächtersfamilie Dupin war, nebst anderen aus der hohen Finanz und Aristokratie. Rousseau hat sie alle frequentiert, bezaubert und verärgert.

Der Scheue, Ungelenke und vermeintlich Arglose entwickelt oft eine Hartnäckigkeit und Umsicht beim Durchführen seines Lebensplans, die alles übertrifft, was laute und brutale Egoisten vorweisen können. Man riß sich in der großen Welt um den »Bären«, ganz abgesehen davon, daß seine Hilflosigkeit an Mutterinstinkte der Damen appellierte. Er erschien betont ungepflegt; das machte Sensation. Vor dem König präsentierte er bei der Premiere seines Singspiels den sonst verpönten Bart des freien Mannes. Später kleidete er sich in armenischer Tracht, was erneut Furore machte. Sein Landsmann Liotard, der Maler des berühmten »Schokolademädchens« in Dresden, war ihm darin schon zuvorgekommen; er trug ein türkisches Kostüm, das er von weiten Reisen im Orient mitgebracht hatte, und ebenfalls einen Bart, der bis auf die Brust reichte. Liotard philosophierte, neben seiner fleißigen Arbeit an kleinen Porträts und Tabaksdosen, und propagierte, wie Rousseau, den Naturmenschen. Er schrieb darüber an seinen Landsmann, der nicht wenig vergrämt war über diese Konkurrenz: Nur die Sprache hat der Mensch den Tieren voraus; im übrigen müsse man so wie die Tiere zu denken versuchen, die keine schlechten Gewohnheiten oder Vorurteile haben. »Wir müßten, wenn wir lange leben wollen, eigentlich nackt gehen und auf allen Vieren.« Das war genau das, was die unermüdlichen Parodisten gegen Rousseau auf die Bühne brachten, mit einem Naturmenschen und Philosophen, der auf allen Vieren kroch und zum großen Gaudium des Publikums Salatblätter kaute. Rousseau war nicht der erste mit seinen Ideen, und auch das hat ihn, der großen Wert darauf legte, in erbitterte Streitigkeiten verwickelt. Immerhin war er der einzige Mann von Genie auf diesem Maskenball, und das nicht nur für die Damen der Gesellschaft, die ihn verwöhnten und wieder fallen ließen, wenn er zu unbequem wurde. Sein Kampf um Freiheit und Unabhängigkeit, in dem er sich mit dem Freunde Diderot einig war, hat etwas Ergreifendes. Er hat sogar versucht, sich freizumachen von dem Zwang, für Brot schreiben zu müssen, eine Fron, die Diderot resolut auf sich nahm. Durch Abschreiben von Musik wollte er sich seinen Lebensunterhalt sichern, und viele der Hefte mit seiner runden, korrekten Notenschrift sind erhalten, wie er überhaupt in seinen Papieren eine ganz überraschende Ordnung hielt; er hat ein ganzes sorgfältig angelegtes Archiv mit sich herumgeschleppt und daraus wie ein Advokat in seinem großen Plädoyer für den verkannten Jean Jacques, das er seine »Bekenntnisse« nannte, genauestens zitiert: siehe Aktenpaket B No. 23. Unweigerlich aber taucht auf seinem Lebensweg wieder eine Marquise oder Herzogin auf, die ihm endlich die gewünschte Ruhe und Einsamkeit verschaffen soll, in einer Parklandschaft als unverfälschter Natur mit einer »Eremitage« und nettem Mobiliar. Symbolisch für den Rastlosen, der unmöglich irgendwo Ruhe finden konnte, hat noch seine letzte Patronin, die Herzogin von Luxembourg, eine neue »Hütte« für ihn bauen lassen, als die erste zu klein wurde; sie wurde nicht fertig, als er starb, und nur seine Gefährtin Therese, die er aus eigner Machtvollkommenheit nach dreißigjährigem Zusammenleben zur Madame Rousseau ernannt hatte, zog dort ein.

Von dieser Therese ist noch etwas zu sagen, denn sie spielte schon in der frühesten Freundschaft mit Diderot ihre Rolle. »Er hatte seine Nanette, ich meine Therese«, schreibt Rousseau in den Erinnerungen. Beide hatten sie Frauen gewählt, die aus der unteren Schicht kamen, und beide haben nicht gerade glücklich mit ihnen gelebt. Die Paare haben im Anfang versucht, ein wenig

Familienverkehr herzustellen, gemeinsame Ausflüge zu machen und dergleichen. Daraus wurde nichts. Rousseau beschreibt Madame Diderot kurzerhand als ein »zänkisches Fischweib«. Die Pariser Fischweiber waren gefürchtet. Daß sie ihrem Denis das Leben oft schwer gemacht hat, dürfte sicher sein; daß er es ihr erleichtert hätte, läßt sich noch weniger behaupten. Mußte sie doch eine ganze Reihe von Jahren, trotz verbriefter Eheschließung, unter ihrem Mädchennamen mit ihm zusammenleben und galt der Nachbarschaft als seine Konkubine, was ihr um so empfindlicher war, als Kinder kamen, drei hintereinander, die bald starben. Erst nach langer Pause stellte sich ein viertes ein, eine Tochter, die den Vater überlebte und in kurzen Zügen seine Biographie festgehalten hat. Begreiflicherweise empörte sie sich über Rousseaus Bemerkungen, die inzwischen im Druck erschienen waren. Sie verteidigt ihre Mutter, ohne zu verschweigen, daß sie hart, verbittert und ungefällig geworden sei; sie übergeht nicht, daß der Vater keinesfalls ein guter Ehemann war. Im Grunde hat Diderot sein ganzes Leben als Junggeselle verbracht, ohne sich doch je ganz von der nun einmal angetrauten Gattin völlig zu trennen.

Wie man das Verhältnis Rousseaus zu seiner Therese bezeichnen soll, das spottet jeder leidlich deckenden Bezeichnung. Die Zeitgenossen nannten sie seine Mätresse. Er selber hat sie als eine Art Magd in Dienst genommen, gegen Gehalt. Sie war völlig ungebildet und konnte weder lesen noch schreiben, geschweige rechnen; auch der Uhrzeiger war ihr ein Mysterium. Daß er sie je geliebt hätte, hat Rousseau in einer berühmt aufrichtigen Stelle seiner Erinnerungen geleugnet. Sie war ihm nötig, als der einzige Mensch, der es je auf die Dauer mit ihm ausgehalten hat, wie wir sagen müssen. Fünf Kinder sollen in der Anfangszeit der Beziehung in rascher Folge geboren worden sein. Sie wurden nach einer noch berühmteren Stelle der Bekenntnisse unverzüglich an der Schwelle des Findelhauses deponiert. Es ist nichts über sie bekanntgeworden. Man hat sogar gemeint, daß sie eine geschickte Erfindung Rousseaus gewesen sein könnten: zu bekennen, daß er so handelte, für einen Vorkämpfer der Tugend und besseren Moral der Gesellschaft nicht unbedingt ehrenvoll, sei ihm immer noch vorteilhafter erschienen als das Eingeständnis seiner Impotenz. Rousseaus große Kunst, frappant aufrichtige Züge seines Wesens zu schildern, die ganz nahe, aber eben nur so weit an die Wahrheit heranführen, läßt solche Deutung nicht durchaus unglaubhaft erscheinen. Seine Freunde glaubten an die fünf Kinder und das Findelhaus. Unter dem Siegel tiefsten Geheimnisses vertraute er ihnen seine Missetat an. Sie wurde natürlich doch bekannt, wobei Voltaire sein Bestes tat, und dieser abermalige Verrat überzeugte Rousseau endgültig, er müsse sich von allen trennen. Die Flucht nach vorn, in die Liebe zur ganzen Menschheit und den Appell an die Nachwelt, blieb die letzte Lösung.

Therese blieb bei ihm bis zum makabren Schluß, an dem sie nach Ansicht der Mitlebenden nicht unschuldig war. Es hieß, die Tatsache, daß sie ihn mit einem Bediensteten des nahen Schlosses betrog, habe den Dichter zum Selbstmord getrieben; einige meinten sogar, sie habe ihn umgebracht. Verbürgt ist nur, daß die schon Sechzigjährige mit diesem recht miserablen Subjekt noch lange durch alle Stadien der Erniedrigung und willigen Ausnutzung ging, ihm die nachgelassenen Honorare und Pensionen der Verleger, dann noch den Ehrensold der Republik für die Witwe des großen Vorkämpfers aushändigte und das Geld vom Verkauf der Rousseau-Andenken. Belegt ist auch, daß sie zu Lebzeiten ihres »Gan Gacques« – so buchstabierte sie ihn bei einem diktierten Schreiben – keineswegs unzugänglich war. Der junge Boswell notierte stolz in seinem Tagebuch, daß er mit der Mätresse des weltberühmten Rousseau geschlafen habe, als er den ewigen Flüchtling nach England brachte zu der vorletzten Station seines Leidensweges. Wir maßen uns nicht an, dieses dumpfe Geschöpf zu definieren, auf das kein Lichtblick fallen will, soviel über sie geschrieben wurde. Einige Biographen Rousseaus schreiben ihr die Schuld an den vielen Intrigen zu, in die der Dichter verwickelt wurde, was uns ungerecht erscheint gegen die Wehrlose. Sie war einem verfolgungssüchtigen Genie ausgeliefert, dem jedes noch so unbedeutende Erlebnis zu einer Affäre auf Leben und Tod wurde, und außerdem der Habgier ihrer Familie. Die Mutter, die Schwestern, die Nichten noch, zehrten an ihr und ihrem Beschützer, die Mutter vor allem, eine listige Alte mit harten Fingern. Rousseau konnte sich ebensowenig von ihr trennen wie von seiner Therese, die er mit Kosenamen seine »Tante« nannte. Das war die Sippe, vor der Diderot und seine Kameraden den Freund Rousseau in gutem Glauben etwas zu schützen versuchten, und daraus entstanden die höchst unerfreulichen Streitigkeiten, mit denen wir uns leider später noch befassen müssen. Daß das eigentümliche Genie des Dichters gerade diese Stacheln im Fleisch brauchte, wie früher ein Büßer die Dornen und Nesseln, konnten sie nicht ahnen.

Zunächst dürfen wir uns fünfzehn Jahre lang an einer sehr lebendigen und ergebnisreichen Freundschaft delektieren. Wir sind nicht einmal so sicher, ob die Ausflüge ins Grüne so mißmutig geschildert werden müssen, wie der verbitterte und rechthaberische Rousseau es in Druck gab. Die beiden Mädchen waren hübsch, Nanette groß und schlank, Therese untersetzt und sicherlich mit dem von ihrem Jean Jacques verlangten Busen ausgestattet. Diderot, der Vertreter des trockenen Rationalismus und Freidenker, war gefühlvoll; er zeigte entschiedene und ehemännische Eifersucht und untersagte seiner Nanette jeden Verkehr mit anderen, außer den nächsten Freunden. Der große Advokat des Herzens, Rousseau, überließ seine Kinder dem Findelhaus und der Fürsorge der verderbten Gesellschaft; er organisierte verständig, nach dem Rat des alten Jesuitenpaters, seinen Aufstieg, und begann auch bereits mit dem sorgfältig geführten Register der Untaten seiner Freunde oder Wohltäter, das ihn einmal jeder unbequemen Dankbarkeit entheben sollte. Alles war aber noch in den Anfängen, und die Anfänge sind immer schön.

Der Weg ins Gefängnis

Diderots literarische Anfänge waren nicht schön, sondern schlichte Brotarbeit. Er machte sich aber im engeren Kreis der Buchhändler und Verleger damit bekannt. Man schätzte den kräftigen Arbeiter, der so zuverlässig seine Bogen ablieferte und bereit war, Aufträge zu übernehmen, vor denen die meisten anderen zurückscheuten. Auch die Mitarbeiter, die er heranzog, hatten ihn gern. Er teilte großzügig Honorare oder half aus, wenn man in der Klemme saß. Dafür revanchierten sie sich und steuerten ihrerseits etwas zu seinen literarischen Unternehmungen bei.

Ein Kollege bei der dreijährigen Fron an dem großen medizinischen Diktionär, das aus dem Englischen zu übersetzen und zu bearbeiten war, hat Diderot mit dem Glanz- und Prachtkapitel seiner Jugendsünde, dem Romänchen »Les Bijoux indiscrets« versehen und dort in rascher Folge und in verschiedenen Sprachen einen Katalog der ihm bekannten Abarten des Liebesspiels gegeben, wohlverteilt nach verschiedenen Örtlichkeiten, die für sonderliche Neigungen bekannt waren. Diderot selber scheint sich da nicht so recht ausgekannt zu haben. Er war eher für die »aufrichtige und unschuldige, die sanfte und einfache Weise«, wie er es vom eigenen Erleben beschrieb. Er hat das Jugendopus auch bereut und später erklärt, als es seinen Weg über ganz Europa und durch alle Boudoirs gemacht hatte – die Pompadour besaß ein Exemplar –, er würde gerne seinen Daumen dafür abhacken lassen, wenn er es nicht geschrieben hätte. Ein Herausgeber bemerkte dazu: wohl höchstens den kleinen Finger!

Auch das will uns heute übertrieben erscheinen, da man ganz andere Kost gewohnt ist. Immerhin galt die Geschichte selbst unter den freien Sitten des Rokoko als recht verfänglich und mußte anonym erscheinen. Anonym wurde das Büchlein an vielen Orten nachgedruckt. Im ehrbaren 19. Jahrhundert entsetzte man sich darüber, daß der große Diderot so etwas geschrieben hatte, und vergab es ihm nur als eine jugendliche Verirrung oder berief sich darauf, daß die ohnehin ominöse Madame de Pusieux ihn zu dem Streich verführt hätte, weil sie das Geld für das Honorar brauchte. Man konnte auch darauf hinweisen, daß allerhand Zeitkritik und Sittenschilderung darin zu finden sei, eine stets beliebte verschämte Entschuldigung. Und hatte nicht sogar Lessing in seiner »Hamburgischen Dramaturgie« eine

Stelle übersetzt, die kritisch vom französischen Theater handelt? Diderots getreuer Schüler und Herausgeber, der höchst sittenreine Naigeon, eine Art Puritaner des Atheismus, wollte seinem angebeteten Meister sogar lebenslängliche schwere Gewissensbisse über diese wahnwitzige Ausgeburt seiner Phantasie zuschreiben. Pfäffisch fügte er noch hinzu: Ein Atheist, der sehr viel strenger in moralischen Dingen zu sein hat als ein Anhänger des bequemen Kirchenglaubens, müsse zwangsläufig unter solchem Kummer schrecklich leiden, da er sich ja nicht durch die Beichte Ruhe verschaffen könne. Naigeons Betrachtungen, die einige Seiten seiner Biographie füllen, sind eher als der Roman ein Beitrag zur Sittengeschichte, allerdings einer späteren Zeit, der moralisch unbarmherzigen Richtung der Revolution. Da wurde Frivolität unweigerlich gleichgesetzt mit dem Ancien régime, und dafür ließ sich in der Tat nicht wenig anführen.

Gänzlich im Stil des Rokoko ist das Werklein geschrieben. Es gab beliebte Muster, wie Crébillons »Sofa«; in sehr viel älterer Zeit, ja schon dem gläubigen Mittelalter, war das Thema behandelt worden, nämlich daß die Frauen, die Weiber, ganz ehrlich ihre Geheimnisse nicht mit dem Munde ausplaudern, sondern mit dem unteren Mäulchen, ihrem Bijou. »Die geschwätzigen Kleinode« wurde in der älteren deutschen Übertragung der Titel etwas altväterisch übersetzt, die »Verräter« in einer anderen. Daß nur auf diesem Wege die Wahrheit über Laster und Untaten zutage kommt, war auch theologische Ansicht der Hexenverbrenner, die den Satan von da aus reden hörten und seine Aussagen protokollierten. Diderot bedient sich sehr viel harmloser des orientalischen Kostüms, das durch Montesquieus »Lettres persannes« und seine vielen Nachahmer Mode geworden war. Das Bild eines Sultanshofes bot sich zu satirischen Anspielungen auf Louis XV. und die Pompadour an, die mit der hübschen und geistreichen Favoritin Mirzoza eingeführt wird. Die Zeitgenossen erkannten sie sogleich wieder; uns muß das erst in Anmerkungen gesagt werden. Eingeweihte würdigten auch die kleine Nebenbemerkung, daß es der Favoritin Mirzoza ein wenig an »Temperament« fehle, weshalb sie auf ständige Abwechslungen für den Appetit ihres Gebieters zu sinnen hat.

Es war bekannt, daß die Pompadour im Bett ihres Sultans nicht sehr feurig war. Der König klagte darüber; der Leibmedicus Dr. Quesnay, später einer der Enzyklopädisten, verabfolgte seiner Gönnerin Aphrodisiaca, die wenig halfen und der lauernden Hofgesellschaft schon Hoffnung machten auf einen Systemwechsel. Die Favoritin konterte jedoch mit der Einrichtung des bekannten »Hirschgartens« und der reichlichen Zuführung von ungefährlichen, ungebildeten oder nur etwas geldgierigen kleinen Mädchen; sie behielt die Herrschaft in ihren schmalen Händen bis zu ihrem Tode. Ihre wahre und einzige Passion war die Macht, und da gab es für sie keine Nebenbuhlerin. Ihren Sultan teilte sie gerne mit den Bewohnerinnen der kleinen Pavillons von Versailles, die durch den Leibkammerdiener, im Verein mit dem Herzog von Richelieu, mit Ware aus den Pariser Bordellen versorgt wurden.

So trübselig wie bei den Vergnügungen Louis XV. geht es bei Diderot nicht zu, und überhaupt soll man nicht zu eifrig nach Anspielungen suchen, die auch viel zu gefährlich gewesen wären. Es wird munter fabuliert, parodiert, auch herzhaft plagiiert; der junge Autor war weder schüchtern noch hatte er viel Zeit. In vierzehn Tagen mußte das Werklein fertig sein. Und so dreht der Sultan seinen Zauberring, der die Kleinode zum Sprechen bringt, wenn er auf sie gerichtet wird, gelangweilt, amüsiert, nie aufgeregt. Und aufregend sind die Geständnisse unter den Rökken hervor schwerlich. Daß die Damen ihre Ehegatten betrügen, auch mit mehreren Galants, auch solchen der gröbsten Art, versteht sich bei Hofe von selber. Wir wollen wissen, wie sie betrügen und was dabei passiert. Davon hören wir wenig, allenfalls in Anleihen aus Boccaccio oder anderen besseren Vorfahren. Es fehlt Diderot nicht an Phantasie, aber ganz einfach an Erfahrung. Schon ein zeitgenössischer Kritiker, der den jungen Autor sonst wohlwollend behandelt, seine gediegenen Kenntnisse und seinen Geist lobt, meinte ganz richtig, der Verfasser kenne die Welt nicht, die er abmalen möchte. »Er ist nicht für das Genre geschaffen, das er hier bearbeiten will.« Die Selbstverliebtheit des echten Pornographen, der Narzißmus des Erotikers, der wie Casanova so gerne den Zuschauer und Leser ausführlich teilnehmen läßt an seinen Heldentaten, geht Diderot gänzlich ab. Der Zauberring dreht sich etwas mühsam, wie so oft bei Büchern dieser Art, wenn sie geschrieben werden, um Geld zu machen. Der Reiz des Büchleins besteht nicht in Ausschweifungen, sondern in den Abschweifungen. Diderot legt eine ganze Musterkarte seiner Gedanken über alle möglichen Dinge und Probleme vor, die er sich bei seiner umfassenden Lektüre an den Rand notiert hat. Von Descartes und seiner Wirbeltheorie des Weltalls ist die Rede, die gerade Tagesgespräch war, von Newtons neuen Ideen, durch Voltaire popularisiert, von der Oper, der Musik; es werden einige Hiebe auf die Priesterschaft ausgeteilt, die »Brahminen«. Die Pariser Akademie wird verspottet, und sie hat sich damit gerächt, daß sie Diderot nie in die Reihen der Unsterblichen aufgenommen hat, die mit so vielen Dürftlingen besetzt waren. Nach Swifts Vorbild werden die Großen der Vergangenheit beschworen, die Dichter und Philosophen des Altertums, deren Büsten ein Heer von Zwergen bekritzelt. Geträumt wird viel, aber es sind keine erotischen Träume, sondern physikalisch-mathematische. Der Sultan Mangogul glaubt sich im Schlaf durch einen Adler mit Greifenklauen, Pferdeleib und Löwenschwanz in den gewaltigen Tempel der »Hypothesen« versetzt, den greisenhafte und verkrüppelte Wesen bewohnen, die vor jedem Windstoß zittern. Es sind die »Systematiker«. Ein Knabe naht sich, der mit jedem Schritt größer wird, als Repräsentant des Fortschrittes der Wissenschaften: Er richtet, wie Galilei, ein Fernrohr auf den Himmel, der Luftdruck wird gemessen nach Pascal, die Vielfarbigkeit des Lichtes mit Newtons Prisma. Der Knabe ist zum Koloß geworden und schwingt das Licht der Aufklärung in der Hand, bis zur Meerestiefe und den Eingeweiden der Erde hinab. Wer ist dieser Riese? »Die Erfahrung«, spricht die Stimme Platos, der den Fremdenführer und Virgil darstellt. Und beim Nahen des Giganten der Erfahrungswissenschaften beginnen die Säulen der Hypothesen zu schwanken. Der Boden birst unter Donner. Der Sultan erwacht mit Kopfschmerzen. Ein kleines Vorspiel zur Einleitung in die große Enzyklopädie ist eingeschoben in die bunten Schwänke und Märlein. Ganz wie im Märchen endet es auch: Die Favoritin erweist sich als die einzig treue unter den geprüften Damen. Klug fordert sie, daß ihr Gebieter den gefährlichen Ring dem Dämon zurückgibt. Das fatale Geschenk soll künftig »weder Euer Herz noch den Frieden Eures Reiches beunruhigen«. Damit konnte sich die Pompadour zufriedengeben. Es werden ihr auch zwischendurch recht schmeichelhafte Sachen gesagt. Von ihrer Zuneigung zu den Schriftstellern ist die Rede, den vielen Büchern auf ihrem Toilettentisch und ihr ausgezeichnetes Urteil darüber. Die großen Gelehrten und Weisen sogar müssen zugeben, mit welcher Feinheit sie Schönheiten wie Fehler in ihren Werken herausfindet, wie verwirrende Fragen sie zu stellen weiß im Gespräch, ohne die Vorteile zu mißbrauchen, die ihr Schönheit und Geist verleihen. »Man war nie verärgert, ihr gegenüber Unrecht zu haben.« Diderot konnte auch einmal Komplimente machen, und übrigens stimmten sie. Voltaire hat die hohe Dame mit sehr viel landläufigeren Wendungen angedichtet.

Es war noch das Zeitalter der Patronage. Voltaire hat lange Zeit seine Gaben damit verschwendet, sich bei Hofe und den Großen zu plazieren, ehe er der Patriarch von Ferney wurde, nun selber eine Großmacht und eine Finanzmacht dazu, die den deutschen Kleinfürsten Gelder lieh und Anleihen vermittelte. Es ehrt Diderot, daß er von Anfang an auf Mäzene, ob weiblicher oder männlicher Kategorie, verzichtete. Für damalige Begriffe einfältig ging er seinen eignen Weg. Tollkühn stieß er vor, ohne Rückendeckung durch hochmögende Gönner, und damit landete er denn auch im Gefängnis. Er hatte eine Schrift des Earl of Shaftesbury übersetzt, und mit seinen eignen Bemerkungen herausgegeben; das war schon nicht ganz ungefährlich, denn der Schüler Lockes stand bei den Orthodoxen in üblem Geruch als Deist und Verfechter einer »bloßen Moral«; der noch viel stärker berüchtigte Toland, der über ein »Christentum ohne Mysterien« geschrieben hatte, war der Herausgeber der Schrift des jungen Grafen. Ganz kritisch wurde es für Diderot, als er seine »Philosophischen Gedanken« herausgab, das erste Werk, das ihn ganz selbständig zeigt. Das Buch wurde vom Parlament verurteilt, durch den Henker zerrissen und verbrannt zu werden. Die Begründung: Es ist ärgerniserregend und gegen die Religion und Moral gerichtet. »Unruhigen und unbedachten Geistern wird da das Gift der verbrecherischesten und absurdesten Ansichten vorgetragen, die nur ein verdorbener Verstand hervorbringen kann. Alle Religionen werden auf fast die gleiche Stufe gestellt, damit der Autor am Schluß keine von ihnen anzuerkennen braucht.« Die kleine Schrift von etwa vierzig Seiten, in aphoristischer Form, wurde fleißig nachgedruckt, es setzte Gegenschriften, die zum Teil den ganzen Text brachten, um ihn ausführlich zu widerlegen, und so weiterhin zur Verbreitung beitrugen. Der ganze Diderot ist schon in dem Satz, daß Skeptizismus der erste Schritt zur Wahrheit sei. Mit einem ähnlichen Satz hat er sein Leben beschlossen. Das besonders »Ärgernis«-Erregende waren nicht so sehr die Gedanken über die Fragwürdigkeit der Wunder, den Aberglauben, die Intoleranz der Orthodoxen oder die Schwierigkeiten, sich mit Vernunftgründen über die Dogmen auseinanderzusetzen; all das war nicht gerade neu. Neu war die Form, die Leidenschaft – gleich am Eingang betont er, daß es ohne Leidenschaft keine Größe gibt, weder in den Sitten noch in Wissenschaft und Kunst – und die kecke Anschaulichkeit seines Stils. Der Christ wird in Asien als gottlos angesehen, der Mohammedaner in Europa, der Katholik in London, der Kalvinist in Paris, und in den verschiedenen Stadtteilen von Paris beschuldigt man sich gegenseitig, gottlos zu sein, je nachdem man Jansenist oder Molinist im Sinne der Jesuiten ist. Wer ist da nun ein Gottloser? Jeder oder niemand? Zum Schluß kommt er darauf noch einmal zurück. Der Skeptiker hat die Bibel geprüft, auf die sich die Kirche beruft, aber die Heiligen Schriften, auch die der Kirchenväter, haben ihm nicht genügen können. »Mit den Gründen des Glaubens fand ich in ihnen auch die Gründe des Unglaubens.« Und die sind ein gemeinsames Arsenal, aus dem sich Christen gegen die Juden bewaffnen; die Deisten gegen die Atheisten und so fort. Übereinstimmung unter allen Religionen besteht nur darin, daß sie, wenn sie ihren Glauben aufgeben sollten, sie jedenfalls nicht den ihrer Gegner wählen würden. Sie könnten allenfalls die natürliche Religion anerkennen. Und sollte die nicht den Vorzug verdienen?

Mit einer Frage durfte man nach geltender Ansicht nicht abschließen. Das zeigte unverkennbar den verderbten Verstand. Diderot stellt aber immer Fragen, sich selber und seinen Lesern. Die Schrift ist eine Art inneres Gespräch zwischen drei Personen, einem orthodoxen Christen, einem Atheisten und einem Deisten, der nur die »natürliche«, d. h. allen Menschen gemeinsame Religion bejaht. Den Atheismus lehnt Diderot ebenso ab wie die orthodoxe Meinung, und übrigens fügt er auch noch ein ausdrückliches Bekenntnis ein, er sei als Katholik geboren und wolle auch im Glauben seiner Väter sterben. Das mag durch Rücksichten auf die Zensur geschrieben sein. Schließlich wollte er nicht mitsamt seinem Heft verbrannt werden, was immer noch durchaus möglich war. Sein Schüler Naigeon, als orthodoxer Atheist, hat so gemeint und radikalere Sätze hinzugefügt, die Diderot vielleicht am Rande notiert hatte. Auch da vor allem Fragen: »Mit Schmerzen sollst du gebären, so sagt Gott zum Weibe, wegen ihres Ungehorsams (im Paradies). Was aber haben ihm die Weibchen der Tiere getan? Auch sie müssen unter Schmerzen gebären...«

Auch ohne solche Zusätze war das Heft ausreichend zur Verdammung. Diderot war nun ein notorisches Subjekt. Die Polizei interessierte sich für ihn, obwohl sie selten seinen Namen richtig schreiben konnte in ihren Berichten. Es bestand ein ausgedehntes Spitzelsystem in Paris. Louis XV. ließ sich fast täglich die Geheimberichte kommen, so wenig er sich für die großen Staatsgeschäfte interessierte. Er delektierte seine schlaffe Phantasie hauptsächlich an Skandalnachrichten über die Gesellschaftsintrigen und Ehebrüche. Die Pompadour bekam ebenfalls vom Polizeiminister Material vorgelegt, einschließlich dessen, was bei der Kontrolle der Post im Palast aufgefangen wurde. Es machte dem unentbehrlichen Herrn ein besonderes Vergnügen, die schöne Frau mit den giftigsten und obszönsten Gedichten und Plakaten aus Paris zu ängstigen, die ihre ganze Laufbahn begleiteten. Den pp. Drito oder Didrot kontrollierten kleinere Geister, die in der Nachbarschaft herumhorchten.

Unerschrocken schrieb er weiter neben seiner Brotarbeit. Das Erstaunlichste in diesem Polizeistaat ist vielleicht der Mut oder die Unbekümmertheit der Buchhändler und Verleger, die so ziemlich alles druckten, was nur Verkauf versprach. Falsche Druckorte, wie Amsterdam oder London, auch Köln, waren an der Tagesordnung. Kolporteure besuchten die Kaffeehäuser. Vieles wurde auch handschriftlich verbreitet; es gab schon eine reiche Literatur skeptisch-subversiver Art, ehe Diderot mit seinem Heft hervortrat. Man benutzte ganz entlegene Themen, um scheinbar nebenbei kühne Gedanken an den Mann zu bringen.

Die nächste Arbeit Diderots, die »Promenade eines Skeptikers«, wurde sogleich von einem der Polizeiagenten beim Umherstöbern in der Wohnung gefunden. Der Mann konnte offenbar lesen und sagte erfreut, als er das Manuskript entdeckte: »Da haben wir ja, was wir suchten!« Die Überschrift dürfte schon genügt haben. Das Werk ist eine Fortsetzung der »philosophischen Gedanken« in allegorischer Form: Die Kirche wird als Dornenallee vorgestellt, die Philosophen unter Kastanienbäumen, eine Blumenallee repräsentiert die Welt, in der wir leben, mit Spaziergängen, Bällen, Konzerten und Heuchelei oder Verrat. Das Heft blieb unpubliziert und kam erst ein halbes Jahrhundert nach Diderots Tod ans Licht.

Unschädlich und kaum zu beanstanden waren mathematische Abhandlungen zu Fragen der Akustik und der Pendelbewegung; die Beschäftigung mit der Musik führte zum Projekt eines verbesserten Leierkastens und zeigt sein Interesse an technischen Dingen. Er äußerte sich in einer Denkschrift zu einer aktuellen Frage: der strikten Teilung der Ärzteschaft in Mediziner und Chirurgen, wobei die Chirurgen noch als die mindere Klasse galten. Diderot schlug Vereinigung in ein einziges Korps vor, Studium der Medizinstudenten in beiden Zweigen der Wissenschaft. Wie vieles ist das bald so selbstverständliche Praxis geworden, daß es nahezu langweilt davon zu sprechen. Er muß sich jedoch bei diesem kühnen Vorstoß gegen altgeheiligte Zunftbräuche verteidigen: »Ich bin ein guter Staatsbürger, alles, was das Wohl der Gesellschaft und das Leben meiner Mitmenschen angeht, interessiert mich höchlichst.« Die Polizei hatte kein Interesse an diesem Heft. Wohl aber für die nächste Publikation: »Brief über die Blinden, zum Gebrauch derer, die sehen«, die auch unter der Fiktion »gedruckt zu London« erschien. Eigentlich wäre das Werk eine medizinisch-physiologische Angelegenheit. Es geht um Beobachtungen bei Blinden, und vor allem um den recht frappanten Fall eines englischen Mathematikers Saunderson, der seit Kindheit blind war, aber trotzdem Professor wurde und obendrein noch die Optik lehrte, ein Buch über Algebra schrieb und im Sterben zu einem Geistlichen gesagt haben sollte, als von der Existenz Gottes die Rede war: Wenn ich an Gott glauben soll, so muß ich ihn tasten können. Das war nun schon Grund für die Polizei, aufmerksam zu werden. Und in der Tat geht es in gefährliche Regionen. Wie steht es überhaupt mit den Sinnen? Und welche Vorstellungen von Gott hat ein Mensch, dem nicht die vollen Sinne zur Verfügung stehen? Sind unsere normalen Vorstellungen absolut gültig, oder relativ und abhängig von unseren physischen Bedingungen? Was wissen wir überhaupt? Was wissen wir über die Materie? Nichts. Was über den Geist? Weniger als nichts. Was über die mathematischen Wahrheiten? Fragt den ehrlichen Mathematiker. Er muß zugeben, daß er sich im Kreis bewegt mit identischen Behauptungen. Und wieviel Bücher langweilen uns, deren Autoren behaupten, doch etwas zu wissen! Alles Fragen, die noch der Beantwortung harren.

Das Wesentliche der Schrift ist die Berufung auf die Erfahrung, den nun zum Riesen herangewachsenen Knaben seines Sultanstraumes in den »Bijoux«. Nur durch Erfahrung läßt sich feststellen, wie es denn mit dem Verhältnis der Sinne zum Geist steht. Locke war der große Führer gewesen, durch Voltaire in Frankreich eingeführt; er ist der Beginn der Aufklärung und zugleich ihr Mentor das ganze Jahrhundert hindurch bis zu Kant. Von ihm ging Diderot aus und der ganze Kreis der Enzyklopädisten, und bei ihm blieben sie, mit Mißverständnissen und Abweichungen, wie unvermeidlich. Unmöglich können wir in einem Essay seine Philosophie skizzieren; er selber hat sein epochales Buch freilich einen »Essay über die menschliche Erkenntnis« betitelt, aber das sind 407 Seiten in Folio in der schönen Ausgabe von 1694, die ich hier auf meinem Bücherbrett stehen habe, mit der eigenhändigen Widmung an seinen Zögling Shaftesbury in der sehr zierlichen Hand des Meisters. Was Diderot und seine Freunde von Locke entnahmen, erfordert weitere 400 Seiten. Als bezeichnend möchten wir aber erwähnen, daß dieses Werk keineswegs auf dem Katheder oder in der Studierstube entstand. Es fing an mit Gesprächen im Freundeskreis. Urban und leichtverständlich war die Sprache; die strengere Fachphilosophie hat das übelgenommen. Ein Mann von Welt und Erfahrungen äußerte sich über die Bedeutung von Erfahrungen, einer, der Staatssekretär gewesen war, in großen Häusern gelebt hatte, bei der glorreichen englischen Revolution von 1688 mitgewirkt hatte, vom Exil in Holland her, und daher auch in seinen politischen Schriften die furchtbare These vertrat, die Untertanen seien zur Rebellion berechtigt, was sogar Diderot nur mit Schaudern zur Kenntnis nahm. Auflehnung gegen den Trott des Alten ist sein großes Buch, dessen Neuheit er verteidigt gegen die Leute, »die über den Kopf des Menschen so urteilen wie über seine Perücken, nach der Mode, und nichts gelten lassen als die etablierten Doktrinen... neue Ansichten sind immer verdächtig und werden bestritten, ohne anderen Grund, als weil sie noch nicht allgemein geworden sind.« Er plädiert für »Trial and Examination«; man soll probieren und prüfen. Das wurde die Parole für die Enzyklopädie. Und das alles wird klar und schlicht vorgebracht, mit bewußter Ausschaltung jener vagen und verschrobenen Terminologie, die so lange Zeit für tiefe Gelehrsamkeit und die Höhe der Spekulation gegolten hat. »Ein Einbruch soll unternommen werden in das Heiligtum der Eitelkeit und Ignoranz.« Das wurde eine weitere Parole. Der Philosoph genierte sich nicht, seine Untersuchung in der Randnote als »angenehm (pleasant) und nützlich« anzukündigen. Auch das ließ Diderot sich gesagt sein. Locke verwendet sogar so kühne Bilder wie das von der Falkenjagd auf philosophische Probleme. Die Jagdlust hindert ihn nicht, zur Frage der Toleranz sehr nachdrücklich die Stimme zu erheben.

Noch herrschte die Intoleranz. Der gleiche Polizeiagent, der Diderots Heftlein vom Spaziergang eines Skeptikers beschlagnahmt hatte, stieg wieder die Treppen zu der bescheidenen Wohnung hinauf und begann zu stöbern. Er fand den Schriftsteller umgeben von 20 großen Pappkartons mit Material für die Arbeit an der großen Enzyklopädie. Auf dem Arbeitstisch lagen Papiere und zwei Exemplare des Briefes über die Blinden. Der Polizist beschlagnahmte sie und erklärte, Diderot sei verhaftet. Er führte ihn hinaus, wo ein Wagen wartete. Um das Bild aus dem Schriftstellerleben recht sinnvoll abzurunden: Ein Lehrling aus der Druckerei kam gerade angerannt mit einigen Korrekturbogen. Er wollte sie Diderot in die Hand drücken, aber der strenge Arm der Autorität stieß den Jungen beiseite und den Philosophen in die Kutsche. Auf Befehl des Königs, lettre de cachet! Das genügte. Das Original ist erhalten, ein wahrer Wisch von einem Verhaftszettel, mit einer flüchtig gekritzelten Zeile des Vizekanzlers d'Argenson an den Polizeidirektor: »Order, den Sr. Diderot, Verfasser des Buches über die Blinden, nach Vincennes zu bringen.« Die mittelalterliche Festung, zehn Kilometer vor Paris, war eine Ergänzung zur Bastille, die schon überfloß. Diderot wurde in den Hauptturm gesperrt, ein gotisches Gefängnis mit gewölbter Rippendecke. Wie lange er da bleiben würde, war gänzlich unbestimmt. Eine lettre de cachet führte weder Zeit noch Gründe an. Es gab Fälle lebenslänglicher Einkerkerung, und andere, wo der Gefangene einfach vergessen wurde. In dem unstillbaren Drang der sogenannten objektiven Betrachtung, Schandtaten und Schauderhaftigkeiten auf ein »gerechtes Maß« zurückzuführen, hat man auch diese Praxis als verhältnismäßig milde schildern wollen. Nur wenige Gefangene sollen verhungert sein. Tortur wurde in den Akten nicht erwähnt. Diderot erhielt auf Kosten des Königs vier Francs am Tage für »Ernährung und Betreuung«. Tortur wird aber nicht nur mit Hunger oder Daumenschrauben vollzogen.

Diderot wurde mit Verhören malträtiert. Worin eigentlich sein Verbrechen bestand, geht daraus nicht recht hervor. Auf dem Verhaftszettel hat der Polizeidirektor die Titel der erschienenen Werke notiert. Es ging zunächst nur darum, ob er sie geschrieben habe und wer der Verleger sei. Diderot leugnete anfangs kaltblütig seine Autorschaft ab, an allem, den Bijoux, dem Blindenbrief, den philosophischen Gedanken; er hielt es nur für taktisch richtig, wenigstens ein Werk zuzugeben, die Spaziergänge des Skeptikers. Dies Manuskript habe er aber verbrannt. Die Taktik war schlecht. Der Kriminalkommissar begab sich zu dem Verleger Durand, der alle Informationen über den Autor und die Drucker bereitwillig lieferte. Diderots Verteidigung brach zusammen. Er selber brach zusammen. Wer vom sicheren Port aus unerschütterliches Standhalten auch unter Martern und Drohungen verlangt von seinem Helden vergangener Zeiten, der kann sich an den Briefen nicht erbauen, mit denen er alles zugab und den Polizeidirektor oder den Vizekanzler um Milde bat. Das Gefängnis konnte sehr lange dauern. In Wirklichkeit lag nichts anderes vor, als eine Generalmaßnahme gegen »unruhige Elemente«, und daß selbst d'Argenson den Namen des pp. Diderot nicht richtig kannte, sondern den Spitzelberichten entnahm, ist nur ein Zeichen dafür. Ganz deutlich heißt es in einem gleichzeitigen Schreiben: »Man hat dieser Tage den früheren Außenminister verhaftet, eine ganze Schar von Abbés, Gelehrten und Schöngeistern, und sie in die Bastille gesteckt, wie den Diderot, einige Universitätsleute, Doktoren der Sorbonne, usw.; sie sind angeklagt, Verse gegen den König verfaßt und sogar rezitiert oder verkauft zu haben«, von Auflehnung gegen das Ministerium ist die Rede und von Publikationen »zugunsten des Deismus und wider die Sitten, und aus all diesen Zeichen läßt sich ermessen, wie weit die Zuchtlosigkeit bereits gediehen war.« Im Grunde wurden die »Horden« von Abbés und Literaten verantwortlich gemacht für die allgemeine Unruhe und Empörung, besonders über neue scharfe Steuern zur Finanzierung der geplanten Kriege, den Luxus des Hofes und der regierenden Favoritin; das Parlament war widerspenstig und protestierte, der Klerus wehrte sich erbittert dagegen, auch zu den Steuern herangezogen zu werden. Da bot sich als bequeme Maßnahme Vorgehen gegen die Versemacher und Broschürenschreiber an. Wir können nur noch als ironischen Nebenzug vermerken, daß der gleiche Minister d'Argenson, der den Wisch mit dem Verhaftszettel ausgestellt hatte, dann zwei Jahre danach mit seinem Namen auf dem Dedikationsblatt zum ersten Bande der großen Enzyklopädie prangte.

Und dies buchhändlerische Unternehmen, in das Diderots

bisherige Verleger bereits einiges Geld für die Vorbereitungen – dokumentiert in zwanzig Pappkartons – gesteckt hatten, rettete ihn vor weiteren oder langen Schwierigkeiten – im Augenblick. Die Verleger petitionierten und wiesen darauf hin, daß große geschäftliche Interessen in Gefahr stünden. Das war ein Argument, das Eindruck machte auf merkantilistisch denkende Autoritäten, zumal bei ständig drohendem Staatsbankrott. Diderot war auch nicht ganz ohne Freunde und Gönner. Voltaire, mit dem er eben eine Korrespondenz angeknüpft hatte, begann an den feinen Drähten zu ziehen, die er stets zur Verbindung mit einflußreichen Persönlichkeiten ausgespannt hielt, auch in seinem »Exil«, wie er den Aufenthalt bei seiner Geliebten, der Marquise du Châtelet in Schloß Cirey, nannte. Es traf sich, daß der Gouverneur der Festung Vincennes ein Verwandter der Marquise war, und da wurde es bald besser für den Philosophen, der verzweifelt in seiner gotischen Stube auf und ab rannte und sich, wie es hieß, den Kopf an den Gittern stieß. In seinen Reuebriefen an den Polizeidirektor führte Diderot noch andere große Namen an, Damen der Gesellschaft wie die Madame Du Deffand, den schon berühmten Buffon, der soeben anfing, seine gewaltige Naturgeschichte zu publizieren, den schon bald hundertjährigen Fontenelle, Daubenton, den Mitarbeiter Buffons, und d'Alembert. Keck bezeichnet er alle diese als seine Freunde, obwohl wir kaum wissen, wie weit er sie auch nur flüchtig kannte. Aber es sind die großen Namen, die für Beiträge zu seiner Enzyklopädie in Frage kamen und dann in der Tat in ihr vertreten waren. »Man kann seine Fehler nicht aufrichtiger bereuen«, fügte er hinzu, »und mehr bereit sein, sie wiedergutzumachen. Dazu muß man aber leben können und frei sein. Es sieht nicht so aus, als ob ich am Leben bleibe, wenn mir die Freiheit noch lange genommen wird. Es geht nur darum, daß ich wissen möchte, ob man mich zugrunde gehen lassen will...«

Sein Kerker wird in Festungshaft verwandelt, er bekommt ein Zimmer mit Bett, darf schreiben und Besuche empfangen. Darunter ist auch sein Freund Rousseau, der darüber ausführlich in seinen Bekenntnissen schreibt, mit einem Bericht, der berühmt geworden ist und Anlaß zu vielen Spekulationen gegeben hat.

Auf dem Wege nach Vincennes will Rousseau die große Erleuchtung erfahren haben, die ihn vom Verfasser niedlicher Singspiele und Broschüren über Musik zum Autor der ersten seiner umstürzenden Schriften machte. Der Anlaß war recht zufällig: Ein paar Druckzeilen im Mercure de Paris, den er im Gehen las nach seiner Gewohnheit. Eine Preisfrage der Akademie von Dijon war angekündigt: Hat der Fortschritt der Wissenschaften und Künste die Sitten verdorben oder verbessert? Rousseau spricht von glühender Hitze, obwohl es genaugenommen Herbst war. Er schildert seine »Bekehrung« nach dem altgeheiligten Muster des Paulus oder Augustins wie einen Blitzschlag vom Himmel: »Im Augenblick sah ich ein anderes Universum vor mir aufgetan, und ich wurde ein neuer Mensch.« Bei der Ankunft in Vincennes sei er dem Wahnsinn nahe gewesen. Diderot bemerkte das, und er verriet ihm den Grund. »Er redete mir zu, meinen Gedanken nachzugehen und mich um den Preis zu bewerben.« Soweit wäre die Sache harmlos. Rousseau setzt jedoch hinzu: »Von diesem Augenblick an war ich verloren!« Er wirft dabei in Gedanken einen vorwurfsvollen Blick auf Diderot, in der Verdüsterung, der seinen ganzen Lebensbericht zu einer immer schriller werdenden Anklage gegen seine Freunde entarten läßt. Seine Abhandlung wurde eine Sensation mit ihrer leidenschaftlichen Verdammung der Zivilisation, des angeblichen Fortschritts, und ist denkwürdig geblieben als frühes Dokument der Kulturangst, die seither nicht ganz gewichen ist. Seine Bekehrung, von der er eifrig erzählte, war bald eine Legende, und viel ist darüber gefabelt und berichtet worden. Für Rousseau, der nicht nur eine »dünne Haut« hatte, sondern gewissermaßen überhaupt keine, wurde das Anlaß zu einem giftigen Prioritätsstreit: Er, und nur er habe diesen Gedanken zuerst gehabt! Für uns genügt es völlig, daß er die Sache mit so imponierender Beredsamkeit vortrug und damit Epoche machte; Vorläufer hatte er genug gehabt. Diderot hat erzählt, Rousseau habe nicht recht gewußt, welchen Standpunkt er denn vertreten solle. Er habe geraten, nicht den üblichen Weg der Mittelmäßigkeit zu wählen: »Die Partei, die Sie nehmen sollen, muß die sein, die sonst kein anderer nimmt.« Daß ihm, dem

Gefangenen, im Augenblick eher nach Negation zumute war, als nach Lob des Fortschritts, der ihn eben bis nach Vincennes geführt hatte, wollen wir glauben. Und wenn Rousseau später in seinem »Contrat social« den lapidaren Satz aussprach: »Der Mensch ist frei geboren und überall liegt er in Ketten!«, so paßte das nicht schlecht auf den Mann, der noch nicht wußte, wie lange man ihn in der Festung behalten würde.

Übrigens hat Rousseau, trotz aller Verbitterung, zugegeben, wie stark Diderot ihn beeinflußt hatte; er sucht das nur weiter vorzuverlegen und auf Stilfragen zu beschränken. »Er hat sogar in meinen ersten Schriften einige Stücke eingelegt, die vom übrigen Text nicht abstechen; im Stil jedenfalls würde man sie nicht unterscheiden können.« Was aber nun die Gedanken anbetrifft, da sieht es anders aus: »Was er da so freundlich war, mir zu leihen, und ich so töricht zu akzeptieren – das läßt sich leicht von meinen Gedanken unterscheiden!« Seine Künste, sich jede Dankbarkeit, ob gegen Mäzene oder Freunde, vom Halse zu schaffen, sind bewundernswert. Die Frage des »ersten Gedankens« ist aber hier wie sonst sehr viel weniger wichtig als der häufige Streit über solche Probleme vermuten läßt.

Wir halten vorläufig noch daran fest, daß sie gute Freunde waren, sich weinend in die Arme schlossen und lebhaft ihre Gedanken über die verderbte Welt austauschten. Es sollte ja auch gerade ein großer Feldzug für den Fortschritt der Wissenschaften unternommen werden, und Rousseau war durchaus bereit, dabei mitzuarbeiten. Seine Beiträge zur Enzyklopädie, nicht über Zivilisation und Verfall, sondern über musikalische Stichworte, gehörten zu den ersten Arbeiten, auf die Diderot zählen konnte.

Mit einem Zettel, nicht größer als das handgroße Billet, das ihn einsperrte, wurde er nach drei Monaten wieder freigelassen. Er konnte zurückkehren in seine kleine Mietswohnung zu den zwanzig Kartons mit Notizen und Material und nun im Ernst mit der Arbeit an seinem großen Hauptwerk beginnen.

Der zwanzigjährige Krieg um die Enzyklopädie

Die Kämpfe um Diderots Hauptwerk, die Enzyklopädie, dauerten zwanzig Jahre, von 1750 bis 1770, um auch einmal ein paar Daten zu nennen. Genau kann man die Zahlen nicht fixieren; ein Guerillakrieg zog sich noch lange hin, bis an die Schwelle der Französischen Revolution. Vorher hatte es auch bereits Gefechte gegeben. Während des gleichen Zeitraums spielte sich, auf dem Kriegstheater nach damaligem Sprachgebrauch, von 1756–1763 der Siebenjährige Krieg ab. In Europa rückte das kleine Preußen in die Reihe der Großmächte ein; England siegte über Frankreich, das sein Kolonialreich in Nordamerika verlor, und begründete in Indien ein Imperium. Ein weiterer Feldzug auf internationaler Basis wurde von den katholischen Mächten gegen den Jesuitenorden unternommen, der durchaus als eine Großmacht angesehen wurde; dieser Feldzug zog sich von 1758, als Portugal den Kampf eröffnete, über Spanien und Frankreich bis 1773 hin und endete mit der Auflösung des Ordens sowie der Austreibung der Mitglieder aus den verschiedenen Ländern. Das Frankreich Louis' XV. und der Pompadour verlor in diesem Zeitraum beträchtlich an politischem Ansehen und Einfluß; in den geistigen Regionen blieb es führend, und Diderots Enzyklopädie wurde das Werk, das alle Begabungen, Tendenzen und Hoffnungen zusammenfaßte und dem europäischen Publikum vorlegte – mit Folgen, die länger andauerten als die Beschlüsse von Hubertusburg 1763.

Sollen wir die Kämpfe um dieses Werk einen Krieg nennen, mit etwas hochtrabender Bezeichnung? Hat nicht der Siebenjährige Krieg das »Gesicht Europas verändert«, wie man zu sagen pflegt? Die Enzyklopädie hat das auch getan. Kriege waren damals Kabinettskriege, Sache der Dynastien. Nicht umsonst führten sie größtenteils die ominöse Bezeichnung »Erbfolgekriege«, wobei es um genealogische Finessen ging, die den beteiligten Völkern ungeheuer gleichgültig sein konnten. Sie wurden auch nicht von den Völkern geführt, sondern durch Mietstruppen meist sehr internationaler Zusammensetzung. Aus »aller Herren Ländern« wurden sie bezogen. Es bestand wenig

Interesse daran, wer da dem Kalbfell der Trommel nachlief oder zu solchem Dienst gepreßt wurde. Natürlich spielten auch nationales Prestige, sogenannte höhere Gesichtspunkte, hinein und wurden dann in der Geschichtsschreibung gebührend hervorgehoben. Das Volk aber und die Geistigen blieben beiseite, in einem Ausmaß, das wir uns nicht leicht gegenwärtig machen können. Das Volk stöhnte unter Steuern, unter Brandschatzungen und Plünderungen der Truppen des Landesherrn wie des Gegners. Die Geistigen führten ihre eignen Kampagnen, und zwar auf internationalem Feld. Diderots Enzyklopädie war ein Unternehmen, das seine geistigen Grundlagen den englischen Philosophen verdankte, dem Landesfeind also, politisch gesehen. Sie wurde auf französisch geschrieben und durch die französische Zensur immer wieder verboten. Ihr Gönner war der französisch sprechende und denkende Preußenkönig, Frédéric le Grand genannt von den Enzyklopädisten, von denen manche übrigens ihren Mäzen und Schutzherrn mitten im Kriege besuchen konnten oder von ihm als Schützlinge aufgenommen wurden, wenn sie flüchten mußten. Man fand wenig dabei, von einigen offiziellen Instanzen abgesehen. Die Vorstellung von einer internationalen »Republik der Geister«, die unabhängig sein müsse von allen Landesgrenzen, behielt noch bis in die großen Völkerkriege zu Beginn des 19. Jahrhunderts hinein ihre Geltung. Der große englische Physiker Humphrey Davy, der Erfinder der Gruben-Sicherheitslampe für Bergleute, konnte mitten in dem erbitterten Krieg zwischen Frankreich und England zu einem Gelehrtenkongreß in Paris reisen und einen Preis Napoleons für seine Verdienste entgegennehmen, weil die Wissenschaft und der Fortschritt des menschlichen Geistes über den Bedenken nationaler Auseinandersetzungen stehen müsse. Wir haben Grund, über den Fortschritt nachzudenken, der inzwischen gemacht worden ist.

Ein internationaler Gelehrtenkongreß sollte, den Intentionen nach, die Enzyklopädie sein. Ihre Mitarbeiter waren vorwiegend Franzosen, aber der Kreis um sie war, auf sehr viel höherem Niveau als bei den Soldaten, wiederum aus »aller Herren Ländern« rekrutiert. Die Feinde des Unternehmens haben nicht verfehlt, in dem Streit, der sich alsbald erhob, das immer wieder hämisch vorzubringen; die Freunde und Gönner betonten, es handele sich doch um ein Werk zum Ruhme Frankreichs. In der Tat waren die ruhmvollsten Namen beteiligt, solche, die schon in ganz Europa als die glanzvollen Vertreter des französischen Geistes galten wie Voltaire, und solche, die erst mit der Enzyklopädie allgemein bekannt wurden, bis die Bezeichnung »die Enzyklopädisten« nahezu alle Persönlichkeiten auf den verschiedensten Wissensgebieten umfaßte, die von der Nachwelt anerkannt werden. Die Gegner sind in der Anonymität verschwunden, unter deren Schutz sie ihre Pamphlete schrieben.

Nun war es freilich nicht so, daß all die berühmten und später illustren Männer sich brüderlich zusammentaten und in inniger Gemeinschaftsarbeit das große Werk schufen. Von ihren Feinden wurden sie eine »Sekte« genannt oder, spöttisch, eine »Kirche« oder, noch bösartiger, mit dem Kreis um den Baron Holbach, Diderots wichtigsten Gönner, als die »Synagoge«. Antisemitische Wendungen, die selbst Voltaire keineswegs verschmähte, waren noch durchaus beliebt, obwohl Toleranz bereits eifrig verkündet wurde. Von loyaler Gemeinschaft eines engen Bundes war keine Rede. Vielmehr haben wir mit Mißbehagen zu dem Krieg gegen die Dunkelmänner, die Zensur und die Offiziösen eine ganze Menge Bruderzwist zu verzeichnen, schmählichen Abfall bester Freunde und feiges Flüchten von Hauptstreitern. Es ist nicht nur Sympathie für unseren Diderot, wenn wir ihm allein das Verdienst zuschreiben, die Sache überhaupt durchgeführt und zu Ende gebracht zu haben. Das Werk ist sein Werk.

Beginnen wir dennoch mit dem Kreis der Mitarbeiter und Vorgänger, denn ein Unternehmen von der Größe, die Diderot vorschwebte, konnte unmöglich von einem einzigen bewältigt werden, mochte er noch so fleißig, als Polyhistor begabt und belesen sein. Was bis dahin an Nachschlagewerken erschienen war, die man etwas großzügig als »Enzyklopädien« anführt im historischen Rückblick, war Einmann-Arbeit und entsprechend beschränkt. Begnügen wir uns damit, zwei Werke herauszugreifen, die für Diderot entscheidend wichtig wurden. Das erste war das »Dictionnaire historique et critique« von Pierre Bayle, das in zwei Bänden Ende des vorhergehenden Jahrhunderts erschienen war und mit Recht an den Anfang der Aufklärung gestellt wird als ihr erstes großes Manifest. Das Buch mußte in Rotterdam als Werk eines Flüchtlings erscheinen, und selbst in Holland blieb der Exulant nicht unangefochten. Sein Diktionär war in der Tat »kritisch«, wie der Titel besagte, und nicht nur eine Sammlung von alphabetisch angeordneten Artikeln über Wissenswertes aus Geschichte, Philosophie und Religion. Bayle, Journalist, Protestant, mit nicht zu vergessender Schulung durch ein Jesuitenkollegium, das er während einiger Jahre der Konversion frequentierte, hatte viel gelesen und viel polemisiert. Er war ein ausgesprochener Bücherwurm, einer, der ständig über das Neueste und Älteste gebückt war. Er holte sich durch unablässiges Inhalieren von Druckerschwärze und Papierstaub einen ständigen, trockenen Husten und war überhaupt schwachen Leibes. Aber in dem zarten und zähen Körper steckte ein feuriger, kämpferischer Geist, eine Besessenheit, Fehler, Unrichtigkeiten und Täuschungen aufzudecken. Ein Lexikon aller Irrtümer, mit denen die Menschheit auf den falschen Weg gebracht wurde, sollte sein Werk sein, ein komplettes Inventar dessen, was Philosophen, Theologen oder Historiker geschrieben und gelehrt hatten an Torheiten, Mystifikationen und hohlen Spekulationen. Mit dem Blaustift ging Bayle über sie her, strich und fügte seine Ansichten hinzu. Er erfand dafür eine ungemein listige und erfolgreiche Form der Polemik: Er brachte in Stichworten zunächst etwas Information und Betrachtung. Aber die schärfste Kritik – das »Gift«, wie seine Gegner meinten – war in Anmerkungen versteckt oder in Hinweisen auf andere Stellen; der ganze Korpus seines Werkes war durchsetzt mit feinen, oft viruskleinen gefährlichen Lebewesen geistiger Art, die eine ungeahnte Energie entwickelten. Diderot hat dieses sehr brauchbare Rezept befolgt. Der »Bayle« wurde rasch eine gefürchtete Waffe für alle Freigeister und Freunde des aufgeklärten Denkens und blieb es, in verschiedenen Auflagen, das ganze 18. Jahrhundert hindurch. Die Kirchen, und nicht nur die katholische, reagierten am empfindlichsten; in früheren Jahrhunderten hätte man den Verfasser kurzerhand verbrannt. Er stand aber unter dem Schutz der in Holland schon weit gehenden Pressefreiheit und blieb am Leben, hartnäckig weiter über seine Bücher, Broschüren und Lexikonartikel gebeugt. Der Bayle-Virus drang von Rotterdam aus in den Blutkreislauf aller Länder ein, die sich nicht durch strengste Absperrung gegen sein Buch schützen konnten, und das waren nur wenige, wie etwa Spanien.

Das zweite Werk, das Diderot nicht nur benutzte, sondern zum Ausgangspunkt für seine Enzyklopädie machte, war ein ebenfalls zweibändiges Lexikon eines Engländers, Ephraim Chambers, das bereits das Wort »Cyclopaedia« im Titel führte, mit dem Zusatz »Universal Dictionary of Arts and Sciences«. Chambers, ein Quäker, der bei einem Kartenmacher in der Lehre gewesen war, ging ganz anders vor als Bayle. Er wollte vor allem nützliche, sachliche Informationen liefern; am Kampf gegen Philosophen und Theologen lag ihm sehr viel weniger. Sein Werk, das zuerst 1728 erschien und viele Auflagen erlebte, war trocken geschrieben, auf kaltem Wege mit der Schere hergestellt aus anderen, bereits reichlich vorhandenen Sachbüchern über Technik und Wissenschaften, oder »Künste«, worunter man noch die Handwerkskünste und Gewerbe mit verstand. Die Pariser Verleger, die Diderot als tüchtigen Übersetzer englischer Werke kennen und schätzen gelernt hatten, planten anfangs nichts anderes als eine französische Ausgabe des »Chambers« und verschafften sich dafür ein Privileg. »Erweitern Sie noch, strecken Sie den Text, tun Sie getrost hinzu«, hieß es in den Instruktionen des Verlegers Le Breton. Er wollte damit um die Verpflichtung herumkommen, Chambers, der seine Agenten nach Paris entsandt hatte, etwas bezahlen zu müssen. Außerdem gedachte er das Werk auf zehn Bände zu bringen und auf Subskription zu recht hohem Preis herauszugeben. Es wurden am Ende 28 Bände in Folioformat, zu rund je 1000 Seiten Text in Doppelspalten, davon 11 Tafelbände in Kupferstich mit Erläuterungen und Anmerkungen.

Es wurde aber überhaupt ganz etwas anderes, als der Verleger und seine Partner – Le Breton hatte sich andere Verleger als Kompagnons herangezogen – ursprünglich im Auge hatten. Sie dachten kommerziell als tüchtige und erprobte Kaufleute; es schwebte ihnen etwas vor, was man heute »Sachbuch« nennen würde und was häufig nach ähnlichen Prinzipien fabriziert wird. Sie stießen unversehens in dem brauchbaren Mann mit den Lastträgerschultern auf einen Idealisten, und einen von der sehr seltenen Art, die auch robust genug sind, mit sicherem Blick versehen, weitem Umkreis des Wissens und der Neigungen, und sogar geschickten Händen für die peinlichen Details einer Riesenaufgabe. Die enorme Wirkung der Enzyklopädie auf das geistige Leben der Zeit hat dazu geführt, daß man das Werk fast durchweg auf seinen philosophischen oder politisch revolutionären Gehalt hin betrachtet und sich die dafür bezeichnenden Stellen herausgreift. Daran ist etwas Richtiges, aber es ist nicht die ganze Geschichte. Es ist nicht einmal die halbe.

Das Werk hätte keinen so durchgreifenden Erfolg gehabt, und es wäre überhaupt nie zu Ende gebracht worden, wenn es nicht andere entscheidende Vorzüge, oder Tugenden, besessen hätte. Gewiß, es brachte die »Aufklärung« zum Siege, die schon lange begonnen hatte; es war ein »neuer Bayle« in mancher Beziehung, aber doch sehr viel mehr. Kritik wurde auch geübt, wie bei dem Vorbild in oft versteckter Form und mit Hinweisen, nicht selten jedoch im unverblümten Frontalangriff. Es war auch ein »neuer Chambers«, und manche Artikel brachten sogar ehrlich die kurze Sigle »Chambers« am Schluß statt der Abkürzungen für die Namen der anderen Mitarbeiter. Aber es waren diese anderen Beiträger, die dem Unternehmen das Gesicht gaben. Diderot hat es verstanden, und das ist die erste und vornehmste Aufgabe des Herausgebers eines solchen Werkes, sich die besten erreichbaren Mitarbeiter heranzuziehen, und zwar nicht nur originelle Geister von großem Ruf oder hoher Begabung, sondern auch die unentbehrlichen Arbeitsbienen von Qualität und Fleiß, ohne die eine solche Arbeit nicht zu leisten ist. Und dann war der Grundplan wahrhaft universal gefaßt, nicht nur im Titel. Es ging nicht allein um Philosophie und Religion oder um Korrektur geschichtlicher Irrtümer. Die Naturwissenschaften, die bereits so mächtig zu werden begannen, wurden einbezogen, die Technik, die Nationalökonomie, eben in den ersten Anfängen. All das war Explosivstoff. Schon die Artikel über »rein zoologische« Themen wirkten – noch viel stärker als die feurigen

Angriffe Bayles – als bedrohliche Kritik und Untergrabung des traditionellen Kirchenglaubens. Ein scheinbar so harmloses Stichwort wie »Cerf« (Hirsch) führte zu den erbittertsten Auseinandersetzungen. Warum wohl? Nun, Diderot hatte recht nebenbei und fast im Plauderton das Sätzlein fallen lassen: »Wenn der Hirsch erst das verständige Alter erreicht hat...« Das bedeutete jedoch, wie die Gegner sofort erkannten, daß die Enzyklopädisten nicht an eine der Hauptthesen der Orthodoxie glaubten, nämlich daß der Mensch durch Gottes Willen ganz grundsätzlich von der übrigen Schöpfung unterschieden sei. Es hat im 19. Jahrhundert noch ähnliche Kämpfe gegeben um die Darwinsche Lehre, und der große Volksprediger C. H. Spurgeon konnte in London vor 4000 Personen gegen des Naturforschers Buch vom »Ursprung der Arten« seine berühmte Gorilla-Rede halten, bei der ein ausgestopfter Gorilla neben der Kanzel stand. Spurgeon wies auf ihn hin: »Sollen wir diesen Gentleman als unseren Vetter anerkennen?« Er schloß, noch ganz im Stil der Gegner Diderots, mit wilden Angriffen auf solche »Philosophie« und Klagen über den Unglauben. Der belaste die Menschen mit sehr viel schwereren Skrupeln als sie uns die Offenbarungslehre je abfordert.

Die Enzyklopädie stritt auch für neue Gedanken der Ästhetik und Kunstbetrachtung; die Musik wurde mit Beiträgen Rousseaus berücksichtigt, die neue Kontroversen hervorriefen; man vergaß nicht einmal die allmächtige Mode, und eine Marquise lieferte Artikel über Rüschen und Kopfputz mit Schleifen. Der Stil – und auch er wurde eine wichtige Waffe – war keineswegs immer rein informativ und berichtend, sondern oft »feuilletonistisch« leicht, elegant, zuweilen auch rhetorisch, mit freundschaftlichen Ausrufen an die Brüder und Genossen, worüber Voltaire sich lustig machte. Als bald nach dem Erscheinen der teueren Originalausgabe gekürzte Nachdrucke mit Auszügen herausgebracht wurden – auch diese mehrbändig –, kündigte einer dieser Raubdrucker auf dem Titel seines als »L'Esprit de l'Encyclopédie« bezeichneten Machwerks an, er habe nur »die merkwürdigsten, angenehmsten, die pikantesten und die philosophischsten« Artikel ausgewählt, um »für alle Arten von Lesern, besonders aber die Leute von Welt, eine interessante Lektüre zu bieten«. Er kennzeichnet damit ziemlich genau einen großen Teil der Wirkung und des Publikums und hatte für seine Piraterie eine reichliche Auswahl zur Verfügung.

Für die Tatsache, daß das gefährliche Werk trotz aller Angriffe und zeitweiligen Verbote doch erscheinen konnte, erfand man die hübsche Legende, es sei bei Hofe einmal darüber gestritten worden, wie denn eigentlich Pomade gemacht werde. Da sei ein Gönner der Enzyklopädisten darauf verfallen, den betreffenden Band der Enzyklopädie herbeizubringen, die gerade Konterbande war. Man las vor und war begeistert. Die Pompadour erklärte, ein so nützliches Werk müsse unbedingt weiter erscheinen; der indolente Louis XV. stimmte zu, und so war der Fortgang des Unternehmens gesichert. Wir werden noch sehen, daß andere Gesichtspunkte entscheidend waren. Die Geschichte wird auch – vielleicht plausibler – so erzählt, es habe sich um Schießpulver gehandelt, das den jagdwütigen König mehr interessierte; sie hat, wie manche Anekdoten, ihren tieferen Sinn.

Die Pompadour konnte übrigens auch mit Vergnügen den Satz Diderots zur Kenntnis nehmen, der im gewichtigen Artikel »Mariage« (Ehe) eingefügt war und zu den »pikanten« Stellen gehörte: »An seine Ehegattin ist man *ge*bunden, mit seiner Geliebten *ver*bunden«, ein Wortspiel mit liaison und attachement. Die Favoritin legte Wert darauf, als Gönnerin der Autoren und Künstler zu gelten, und ließ sich auf einem Porträt von La Tour mit dem Band IV der Enzyklopädie darstellen, nebst einem Notenheft, Montesquieus »Geist der Gesetze«, Voltaires Henriade und eigenhändig von ihr mit dem Rädchen gravierten Steinen sowie einer japanischen Porzellanvase und der für eine Mätresse nicht unwichtigen Ottomane. Wie weit sie in den Krieg um das große Werk durch Waffenstillstandsbemühungen wirklich eingegriffen hat, bleibt unklar. Sie schrieb Diderot nur, als er sich in seiner ersten Not an sie wandte und um Hilfe bat: »Ich kann in der Sache des enzyklopädischen Wörterbuchs nichts tun. Man behauptet, das Werk enthielte Grundsätze, die der Religion und der Autorität des Königs widersprechen. Ist das so, dann muß es verbrannt werden. Ist es nicht so, dann sollte man die Verleumder verbrennen.« Sie fügte hinzu, leider seien die Geistlichen die Ankläger, und mit denen sich anzulegen sei zu gefährlich. Im übrigen habe sie viel Gutes von Diderot gehört. Sie bewahrte also, in der Diplomatensprache, zum mindesten nach außen hin, wohlwollende Neutralität.

Wir müssen nun zur Chronologie dieses zwanzigjährigen Krieges kommen, der ungemein verwickelt ist und an wichtigen Wendepunkten nur ungenügend aufgehellt. Das Unternehmen beginnt – wie schon gesagt – als buchhändlerische Spekulation, Anno 1745, wird Diderot von den Verlegern mit der Redaktion betraut und entwirft einen grandiosen Plan, der den Herren Le Breton und Genossen Hoffnung macht auf eine lange und lukrative Bandreihe. Ein Prospekt wird 1750 gedruckt und eine Drucklizenz beantragt. Die allmächtige Zensur war ein Hauptproblem und für ein umfangreiches Unternehmen wie dies ganz besonders. Diderot hatte eine entscheidende Unterredung mit dem Kanzler d'Aguesseau, einem kultivierten und ernsten Mann, und er muß einen guten Eindruck gemacht haben, obwohl der Kanzler als konservativ und kirchenfromm galt. Wahrscheinlich hat Diderot, wie auch in seinem Prospekt, die praktische Seite des Projektes hervorgehoben: Da sei z. B. ein Thema wie Agrikultur; bei Chambers stehen darüber nicht mehr als drei Dutzend Zeilen – wir wollen das auf vierzehn Spalten behandeln und auch die neuesten landwirtschaftlichen Methoden berücksichtigen! Die Lizenz wurde erteilt.

Diderot stand nun vor der Aufgabe, Mitarbeiter zu finden und auch einen großen Namen für das Titelblatt. Er hatte d'Alemberts Bekanntschaft gemacht, der als einer der führenden Mathematiker der Zeit galt; er war bereits Mitglied großer Akademien, die dem Namen angehängt werden konnten, und man wußte um seine vorzüglichen Beziehungen zu großen Königen und Gelehrten in ganz Europa. Wie Diderot seine anderen Mitarbeiter bekam, ist ein Rätsel; er verfügte nur über einen recht begrenzten Kreis von Konnexionen, die sonst in Paris alles bedeuteten. Immerhin war da sein Freund Rousseau für die Musik. Der Baron Holbach, in dessen Haus Diderot verkehrte, versprach Beiträge zur Mineralogie, aus deutschen Quellen, die der geborene Pfälzer gut kannte. Man hatte für die Naturwissenschaften Daubenton interessiert, den Konservator des Naturalienkabinetts und Mitarbeiter Buffons, der zur gleichen Zeit das Monumentalwerk seiner Naturgeschichte begonnen hatte und bereits sehr berühmt geworden war; Buffon sollte den Artikel Natur übernehmen. Man suchte überhaupt möglichst viele Gelehrte in offizieller Stellung heranzuziehen, königliche Räte, Mitglieder der Universität, Akademiker; man brauchte Spezialisten für militärische Fragen, wofür sich ein königlicher Pagenmeister empfahl, für Chemie, Chirurgie, Grammatik, Instrumentenkunde, Steinschneidekunst, Baukunst, repräsentiert durch den großen Architekten Blondel. Die Tatsache, daß so erstaunlich viele Männer mitarbeiteten, die auf ihrem Gebiet zu den anerkannten Autoritäten gehörten, zeigt, daß der große Vorstoß gegen »die Autorität«, der Kirche in erster Linie und auch des Staates in seiner gegenwärtigen Form, auf ganz breite Zustimmung rechnen konnte. Die Enzyklopädie traf, genau in der Mitte des Jahrhunderts, auf die Mitte einer großen Entwicklung, die sich seit langem angebahnt hatte und unwiderstehlich vorgerückt war. Das verlieh ihr die Stoßkraft und Brisanz. Sie war, mit einem nicht sehr schönen aber hier unentbehrlichen Wort, die Moderne. Sie faßte zusammen, sie popularisierte, was man keineswegs verächtlich auszusprechen hat. Sie präsentierte das Wissen der Zeit und sie wies voraus. Man kann auf fast jeder Seite die Vorgänger und Vorläufer bezeichnen, aber das schmälert das Verdienst nicht: im Gegenteil. Auch dieses revolutionäre Werk hat seine Tradition, seinen eignen Stammbaum wie jede revolutionäre Bewegung. Es ist nicht einmal mühsam, die Väter hervorzuheben, und das waren große und beste Namen.

Ein solcher Stammbaum, eindrucksvoll in einer Zeit, die noch stark in Genealogien dachte, wurde nun von d'Alembert gezeichnet; er wurde übrigens auch rein graphisch im Kupferstich dargestellt als Baum mit vielen Zweigen und Blättern. Da stand etwa auf einem Blatt »Die Geographie«, die sich in weiteren Blättern fortsetzte mit der höchst heiklen politischen Geographie, der noch problematischeren kirchlichen Geographie und schließlich der physischen Geographie. Am unteren Rande war vermerkt: »Die Wissenschaft von oberster Bedeutung jedoch besteht darin, sich selber gut zu kennen und dieses Wissen anderen klar und deutlich mitzuteilen. Das ist die Aufgabe einer Enzyklopädie.« Der Mensch, das Individuum, steht an allererster Stelle, »oben«, während er in der kirchlichen Tradition tief unten stand. Er wurde – und das hat von da ab gegolten – das Objekt seiner eignen Forschungslust in Erkennen, Erobern der Welt und ihrer Schätze und schließlich auch in dem Wunsch nach politischer Mündigkeit, während er nach kirchlicher Auffassung abhängig oder vielmehr der durch die geistlichen Institutionen verwalteten Gnade Gottes unterworfen sein sollte. D'Alembert unternahm es, den neuen Stammbaum, der nicht wie bisher mit Adam und Eva anhob, in einem glanzvollen Aufsatz als Einleitung zum ersten Bande der Enzyklopädie zu entwerfen. Er wurde sogleich eine Sensation, heftig umstritten und hundert Jahre später als offizielles Schul- und Prüfungsthema für die Oberklassen in Frankreich vorgeschrieben; so geht es den umstürzenden Ideen. Der Aufsatz war klar und deutlich geschrieben. Die Forderung, sich »clare et distincte« auszudrücken, im Gegensatz zu der komplizierten und oft obskuren Terminologie der Scholastik, war seit Descartes das Kennzeichen der französischen Philosophie geworden; von Descartes stammte auch das Vorbild der »Methode«, die der erste große Systematiker verkündet hatte. Philosophie sollte mit einer tabula rasa beginnen, einer blank gewischten Schiefertafel des Geistes. Erst dann waren in methodischem Fortgang, nach mathematischem Prinzip, die weiteren Ergebnisse einzutragen. Es ist wiederum charakteristisch, daß der Kartesianismus, so fanatisch bekämpft zu Lebzeiten des Philosophen, der nur im Exil in Holland sein Werk vollenden konnte, zu d'Alemberts Zeit in Frankreich bereits vielfach Schul- und Unterrichtsgegenstand geworden war; auch Descartes gegenüber, den er sonst sehr hochstellte, mußte d'Alembert seine Vorbehalte machen. Den großen Nachfolger des Descartes, Spinoza, der das mathematische Prinzip in der äußeren Form seines Hauptwerkes mit Axiomen und Definitionen und daraus abgeleiteten Lehr- und Folgesätzen »more geometrico« weiterführte und bis zu der Folgerung gelangte, daß Gott und Natur identisch seien, hat d'Alembert gar nicht zu erwähnen gewagt; Spinoza galt als eine Art Gottseibeiuns, und d'Alembert war ein Mann der Vorsicht. Er suchte auch behutsam, den schon schwerwiegenden Vorwurf abzuwehren, es werde nach dem Vorgang der großen englischen Philosophen »Materialismus« verkündet. Seine konziliantere Art war für den Beginn des Unternehmens eine gute Ergänzung zu der sehr viel radikaleren und unvorsichtigeren Natur Diderots und verschaffte dem Werk ein überraschend gutes Entree, jedenfalls für den ersten Beginn.

Sein Aufsatz ging unter der Bezeichnung »discours préliminaire«, und auch dies ist einer Erwähnung wert. Ein Diskurs sollte es sein, ein Gespräch mit dem Leser. Man bezeichnete übrigens im Sprachgebrauch die gesamten Textbände, alle siebzehn zusammen, zum Unterschied von den Tafelbänden, als »die Diskurse«. Es sollte bei aller Methodik debattiert werden. Man traute dem lesenden Zeitgenossen zu, daß er selbständig an der großen Aufgabe mitarbeiten würde. Die Texte sollten dazu anregen und das Material bereitstellen. Das Material freilich war für die Vertreter der Tradition, bereits unbesehen und erst recht bei genauerer Betrachtung, »Materialismus«, und das ist ein Vorwurf, der auch heute noch vielfach schreckt. Die Frage erst, was nun die Materie wäre und der Geist und in welchem Verhältnis zueinander sie stünden, führte zu großen Auseinandersetzungen. Auch diese Debatte dauert weiterhin an.

D'Alembert war Mathematiker, ein »Geometer«, wie man damals sagte, und die französische Philosophie war von Mathematikern geschaffen und ausgebaut worden. Seine geistigen Vorfahren führte er bis auf den englischen Kanzler Bacon zurück, als den ersten, der – »noch in tiefster Nacht geboren« – die Ketten der mittelalterlichen Scholastik zerbrach, metaphysische Spekulationen ablehnte und die Erfahrungswissenschaften als einzige Grundlage für das menschliche Denken und Streben erklärte, ja bereits dafür eine enzyklopädische Einteilung versuchte. Von da geht es für d'Alembert weiter in gerader

Folge zu Newton, Locke und der Gegenwart. Was vor Bacon liegt, ist für ihn das »finstere Mittelalter« mit Aberglauben und unbeweisbaren Konstruktionen, die zum Fanatismus, zu Krieg und Ausrottung jedes Andersdenkenden führen. Dieser Stammbaum ist etwas kurz und abrupt zusammengestellt, aber er war den Zeitgenossen durchaus überzeugend. Das bloße Wort »gotisch« hatte noch die Bedeutung des Abstrusen, Verworrenen, durchaus Geschmacklosen – auch in der Kunst – und ebenso als Bezeichnung für groteskes Denken und sogar Handeln. Erst als die Aufklärung aufgeräumt hatte mit den zu d'Alemberts Zeit noch sehr starken mittelalterlichen Mächten, konnte die Reaktion einsetzen, die in romantischer Verklärung die gotischen Epochen mit Goldgrund liebevoll untermalte. Für die Enzyklopädisten aber war das Mittelalter in den verschiedensten Emanationen sehr bedrohliche Gegenwart. Man konnte, allenfalls wegen eines Artikels über den Hirsch, verboten, verbannt oder auch verbrannt werden; Scheiterhaufen waren für Druckerzeugnisse eine ständige und vielbeliebte Praxis. Für den lebendigen Menschen standen sie ebenfalls zur Verfügung. Voltaire hat, zum großen Ruhme seines Namens, seine bekannten Alterskampagnen für Opfer dieser »gotischen« Prozeduren führen müssen.

D'Alembert war ein Mann der Toleranz, der Vorsicht bis zur Ängstlichkeit, und für solchen Streit sehr viel weniger geeignet. Sein physischer Stammbaum mag dabei eine gewisse Rolle gespielt haben. Er war ein uneheliches Kind, ausgesetzt auf den Stufen einer Kapelle St. Jean-le-Rond, von der er seinen ersten Namen, le Rond, erhielt, ehe er nach dem Testament seines Vaters, eines Artillerieoffiziers mit literarischen Neigungen, der d'Alembert wurde. Die Mutter war eine Hocharistokratin, Marquise de Tencin, die sich ebenfalls als Autorin, hauptsächlich aber als ungemein rührige Intrigantin im großen politischen Spiel sowie als Begründerin eines der ersten großen Salons zu Paris betätigte. Das hochkultivierte Paar hatte ebensowenig Skrupel wie später Rousseau, der Mann des Herzens, im Fall seiner Sprößlinge, das Kind der Allgemeinheit zur Fürsorge anzuvertrauen. Der kleine Knabe fand eine Ziehmutter, eine

Glaserswitwe, der er bis zu ihrem Tode die Treue wahrte; in ihrem bescheidenen Hause in einer engen Gasse hat er fünfzig Jahre lang gelebt, auch als er bereits der in ganz Europa bekannte Geometer geworden war. Eine gewisse Enge und Scheu ist ihm ständig verblieben, und er hat auch die verlockendsten Angebote für große Stellungen – als Präsident der Berliner Akademie, die Friedrich der Große ihm anbot, oder als Prinzenerzieher des Sohnes der großen Katharina mit dem fabulösen Gehalt von 100 000 Francs – beharrlich abgelehnt. Seine Freunde spotteten sogar, er sei »der Sklave seiner Freiheit«. Aber gleichzeitig wurde der körperlich kleine Mann mit dem ungemein lebendigen Gesicht, das er nicht selten zu drastischer Mimik benutzte, der kurzen Nase und den liebenswürdigen Manieren ein sehr beliebter Gesellschafter in den großen Salons. Eine bürgerliche Madame Geoffrin, Frau eines enorm reichen Spiegelglasfabrikanten – und Spiegel waren im Rokoko ein lebenswichtiger, sehr lukrativer Artikel – führte den einflußreichsten Salon. Auch sie gehört sehr entschieden in das Bild der Zeit, schon als Zeichen dafür, wie nun das Bürgertum aufrückte und seinen Einfluß geltend machte. Ihr Salon konkurrierte erfolgreich mit dem Hofstaat zu Versailles. Auch sie hielt Hof, allerdings nur mit Literaten und Künstlern. Bedeutende Fremde, die nach Paris kamen, gingen zu Madame Geoffrin, zuweilen ehe sie sich in Versailles vorstellen ließen. Bei ihr gewesen zu sein, bedeutete das Entree zur neuen Aristokratie des Geistes. Selbst die gekrönten Häupter, die so gern neben ihren Kriegen und Eroberungen den Ehrentitel eines Philosophen führen wollten, bemühten sich um ihre Gunst, sogar ein Friedrich oder eine Katharina. Die Geoffrin hatte die Idee ihres Salons, und zum Teil das Inventar, von d'Alemberts liebloser Mutter geerbt. Bei ihr hatte sie die Kunst gelernt, wie man eine solche Menagerie dirigiert. Die Tencin nannte ungeniert ihre Protegés ihren Tierpark und äußerte sich auch einmal: Der Beruf eines Schriftstellers sei doch nur ein ständiges Malheur; ein Schuhmacher könne etwas Nützliches arbeiten und sich erhalten, ein Autor stünde immer vor dem Nichts. Die Geoffrin, vierschrötig, mit einem derben Gesicht und ohne jeden Ehrgeiz, durch Eleganz aufzufallen (obwohl sie sehr dezent in Grau gekleidet ging), protegierte anders, solide bürgerlich. Sie gab Dichtern und Künstlern reichliche Stipendien und gute Diners. Man führte bei ihr die gewählteste Unterhaltung, die sie mit fester und zuweilen strenger Hand leitete. Ein Polizeibericht – auch in die Salons wurden natürlich Spione entsandt – vermerkt noch, daß sie bei ihren Empfängen für die Publikationen ihrer Schützlinge sorgte: »Die Autoren schicken ihr ein Dutzend Exemplare, und sie macht sich ein Vergnügen daraus, sie an ihre Freunde zu verkaufen.« Sie wurde mit ihrem Kreis eine in die Mitte von Paris vorgeschobene Bastion der Enzyklopädisten, bis sie im vorgerückten Alter zu frömmeln begann und sich von den Philosophen distanzierte.

D'Alembert hatte aber noch einen anderen Salon zur Verfügung. Die Bezeichnung Salon kann irreführen und wird recht lose angewandt. Es gab die großen Häuser des Hochadels oder der Großfinanziers, die auch schon der Aristokratie den Rang abliefen, dem »Schwertadel«, der nur noch den Galanteriedegen führte. Da wurde Karten gespielt, Theater, auch Landleben; eine Gastgeberin verwandelte ihren Saal in ein Kaffeehaus mit kleinen Tischen, erschien mit Schürze als Wirtin und ließ ihre Diener »Garçon« rufen. Eine andere kostümierte ihre Freundinnen als die sieben Todsünden; wieder andere spielten die Hofintrigen nach oder vor. Der Herzog von Choiseul ließ täglich 50–80 Gedecke auflegen, ein Hotelbetrieb ohne Bezahlung, für den auch eine Revenue von einer Million im Jahr nicht ausreichte. Dieses Maskenspiel können wir in den Hintergrund verweisen, wo es nicht ganz ohne Bedeutung ist. Schauspielerinnen, noch zu den »unehrlichen Leuten« gehörend, denen die Kirche das Begräbnis verweigerte, gaben gewagtere Soupers oder auch schon solche mit literarischem Einschlag. Bei der Quinault stand in der Mitte der Tafel ein Tintenfaß, damit die Konversation sogleich in Versen, Epigrammen oder bösartigen Pamphleten druckfertig gemacht werden konnte. Es gab zwei Dutzend Salons, in jeder finanziellen oder geistigen Höhenlage. Paris ist ohne diese Institution nicht zu denken. Sie war der Neid und die Bewunderung der gebildeten Welt. Goethe, der durch Diderots Freund Grimm und seine handgeschriebene Zeitschrift in Exemplaren aus dem benachbarten Gotha mit Nachrichten aus der großen Welt versorgt wurde, hat einmal beklagt, daß es keine Geschichte der Tencin, der Geoffrin, Du Deffand oder L'Espinasse gebe; da könnte man viel über die Franzosen und die Menschen überhaupt erfahren. Wir lassen ihn in Gedanken hinzusetzen: Vieles, was im kleinen Weimar nicht recht vertreten war und sich nur in der Dichtung, etwa einem Tasso-Hof zu Ferrara, poetisch erhoben gestalten ließe.

Die kultiviertesten Abende zu Paris fanden nun in der bescheidenen Wohnung d'Alemberts statt. Auch da mußte eine Frau den Ton angeben, seine Freundin, die unschöne und feinsinnige L'Espinasse, ein uneheliches Aristokratenkind wie er, mit der er eine viel umrätselte Beziehung und Wohngemeinschaft unterhielt. Sie war Gesellschaftsdame bei der Marquise Du Deffand gewesen und hatte dort gelernt, wie man einen Salon macht. Sie »stahl« ihr, wie die Marquise meinte, die Zelebritäten und brachte sie d'Alembert als Brautschatz in die nie vollzogene Ehe ein. Bei ihr gab es jedoch keine Diners. Man trank ein Glas Zuckerwasser, wenn man von der erhitzten Konversation heiser geworden war. Das Niveau dieser Unterhaltungen können wir, wie bei den anderen Salons von Qualität, nur ahnen; es dürfte nicht wieder übertroffen worden sein. Die Franzosen haben die Institution des literarischen Salons noch bis an die Schwelle unserer Zeit sorgfältig gepflegt; es läßt sich wie bei d'Alemberts Übersicht ein ganzer Stammbaum dafür aufzeichnen, der über die Récamier, die Prinzessin Bonaparte und die gebietende Freundin des Anatole France, Madame de Caillavet, bis zu der Madame Sert von heute oder gestern reicht und nun abzublättern scheint. Die so eigentümliche Kontinuität des französischen Geisteslebens hatte da eine ihrer stärksten Stützen; in anderen Ländern gibt es dafür keine Parallele. Kontinuität bedeutet auch die Tradition der Aufgeschlossenheit für das Neue, Revolutionäre, Gewagte.

Das war die Rolle, die den Salons beim Kampf um die Enzyklopädie zufiel. Alle Themen, die in den siebzehn Bänden diskutiert wurden, waren schon in den Konversationen zur Debatte gestellt worden. Die Moden der Unterhaltung wechselten wie die Hut- und Frisurmoden. In einigen Jahren war man bei der Mathematik und Physik und stritt über Descartes' Wirbeltheorie des Weltalls, in anderen über Getreidehandel und Wirtschaftsformen, dann über Naturwissenschaft, Musik, fremde Völker nach den neuesten Reiseberichten, Pädagogik, Politik und den Menschen der Zukunft. Man war enzyklopädisch interessiert. Die Enzyklopädie war in diesem Publikum schon da, ehe ihr erster Band herauskam.

1751/72 erschienen die beiden ersten Bände, von A bis Cecimbra. Auf dem Titelblatt war Diderot als Hauptredakteur genannt, daneben d'Alembert als verantwortlich für den mathematischen Teil. Am Fuß stand der Vermerk über das vom König erteilte Privileg. D'Alemberts Einleitung fand großen Beifall; die Gegner, die schon seit Publikation des Prospektes scharmützelt hatten, rückten nun energischer vor. Die beiden Bände wurden verboten, die Papiere für die weiteren Arbeiten bei Diderot beschlagnahmt. Es hieß, daß die Jesuiten, die Hauptgegner, das Werk übernehmen wollten. Auf der anderen Seite war davon die Rede, das Unternehmen in Berlin fortzusetzen.

Ein halbes Jahr später wird das Verbot aufgehoben. Die nächsten Bände können erscheinen, allerdings nur unter stillschweigender Duldung der Regierung, ohne offizielles Privileg, mit strengerer Zensur im Hintergrund. Die Bände der Enzyklopädie gehen mit den Jahreszahlen: Band III 1753, Band IV 1754 und so fort. Der Erfolg ist groß, die Zahl der Subskribenten nimmt ständig zu, bis sie die für ein so teures Werk gewaltige Ziffer von 4000 erreicht. Ebenso wächst die Schar der Gegner. Mit Band VII, der erst bis zum Buchstaben G vorgerückt war, kommt es 1757 zur Katastrophe, und zwar von innen wie von außen. D'Alembert desertiert von seinem Posten; Rousseau geht noch etwas weiter und greift seine früheren Freunde und Genossen öffentlich mit einem Sendschreiben an. Der Generalstaatsanwalt denunziert das Werk, der Staatsrat beschließt die Einstellung. Die Subskribenten sollen für ihre Auslagen entschädigt werden; es meldet sich jedoch niemand bei den Buchhändlern: Es ist zugleich eine Niederlage und ein Sieg. Die Enzyklopädie aber, so wie sie geplant und begonnen war, fand damit eigentlich ihr Ende. Was folgte, war nur ein unrühmliches Nachspiel, bei dem Diderot freilich eine sehr ehrenvolle Haltung bewies. Es wurde ihm von allen Seiten vorgeschlagen, die Sache im Ausland weiterzuführen; Voltaire war darin besonders eifrig. Berlin kam in Frage, Katharina bot Rußland an, mit Riga als Druckort, wo einige Druckereien zur Verfügung standen; Kants Werke sind dann von da aus in die Welt gegangen. Diderot aber blieb und arbeitete weiter.

Trotz des Verbotes wurden die nächsten zehn Bände in Paris, im Halb-Geheimen hergestellt; die Aufsichtsbehörden drückten beide Augen zu und griffen nicht ein. Sie erschienen mit fingiertem Druckort »Neufchatel«, dem jetzigen Schweizer Kanton, damals dem König von Preußen gehörend, was in diesem Fall als ein gewisser Schutz galt. Der Name Diderots wurde nicht genannt; es hieß der Herausgeber sei ein M... mit drei Sternen. Diderot zeigte auch kein Interesse daran, plakatiert zu werden, denn er hatte inzwischen entdecken müssen, daß der Verleger hinter seinem Rücken die bereits korrigierten Druckbogen selbstherrlich zensiert und verstümmelt hatte. Die 10 Bände wurden gleichzeitig ausgegeben, zunächst in der französischen Provinz und im Ausland, schließlich auch in Paris. Die Behörden ließen das Werk passieren.

Diderot blieb weiter an der Arbeit, trotz der furchtbaren Enttäuschung, die er erlebt hatte. Er redigierte noch die elf Bände mit Tafeln in Kupferstich, die bis 1772 erschienen, als reine Arbeitsleistung der weitaus anstrengendste Teil des ganzen Unternehmens. Dann hatte er genug, übergenug, und zog sich gänzlich zurück. Die Verleger aber machten weiter, auf ihre Art. Es erschienen alsbald fünf Supplementsbände, dann noch zwei Registerbände; das Ganze schwoll auf 35 große doppelspaltige Bände in Folioformat an und kostete am Schluß pro Exemplar fast 1000 Francs; der Reingewinn der Verleger wurde auf etwa 2 Millionen berechnet; Diderot erhielt 20000 Francs.

Das ist nur das Skelett. Wir sagten schon, daß die Sache recht kompliziert ist; wir können nicht alle Kabalen und Zwischenfälle registrieren. Das Werk, wie es vorliegt, ist ein Torso, dazu noch angeschlagen an den verschiedensten Stellen. Es ist uneinheitlich, wie aus der Entstehung notwendig zu begreifen. Trotzdem bleibt es das große Monument des Jahrhunderts auf geistigem Gebiet. Es wurde das Instrument der Aufklärung und zugleich ein praktisches und nützliches Vehikel für Technik, Gewerbe, Verbreitung von Kenntnissen aller Art. Die Nachdrukker sorgten dafür. In Genf, in Lucca, in Livorno druckten sie nach – alle Bände, im gleichen Format, in Quart, in Oktav, in mehrfachen Auflagen, honorarfrei; Auszüge, wieder in zahlreichen Bänden, kamen hinzu. Die Gesamtauflage ist nie addiert worden. Wir wissen nur, was Diderot bekam, und das war wenig. Er nahm das als Philosoph hin, wie er ausdrücklich erklärte. Er begnügte sich damit, etwas geleistet zu haben für seine Mitmenschen, um es so einfach zu sagen, wie er es auffaßte.

Es geht bei einem solchen Kampf nicht nur um Prinzipien oder Gegensätze: hier die Aufklärung, die Enzyklopädisten, dort die Reaktion. Uns faszinieren die Menschen, die da standen und fochten, und sie sind nicht in schwarz und weiß wie beim Schachspiel unterzubringen. Wie war es überhaupt möglich, daß die Sache doch noch zu einem Ende kam, so trübselig es damit aussah? Das ist zugleich ein Schlüssel für die ungemeine Wirkung des Werkes. Selbst die Gegner, soweit sie nicht ganz rabiate Feinde und blinde Hasser waren, mußten den großen Schwung anerkennen, den Impetus, der gegeben wurde, oder wenigstens die »Nützlichkeit«. Dazwischen stehen die verschiedensten Schattierungen des Wohlwollens, geheimer Hilfestellung, behutsamer Förderung, sogar bei den Offiziellen, ja der Zensur selbst.

Da ist Malesherbes, der Oberzensor und Direktor des gesamten Buchhandels. Man hat mit Recht gesagt, daß ohne ihn die Sache schon mit dem zweiten Band ein für alle Male abgetan gewesen wäre. Auch er scheint einer kleinen Vignette würdig. Man hat ihn in der Revolution geköpft, weil er nahezu tollkühn im Prozeß für seinen König plädierte. Das wagten wenige. Er hatte vorher als Reformminister Louis XVI. das Toleranzedikt herausgegeben, war aber bald abgetreten, entmutigt durch die Hofkabalen. Er hat dazu gesagt: »Um ein guter Minister zu sein, genügen Kenntnisse und Rechtschaffenheit nicht. Turgot« – sein

Freund, der mit ihm gehen mußte, der Nationalökonom aus dem Kreis der Enzyklopädisten – »und ich beweisen das. Unser Wissen stammte nur aus den Büchern; die Menschen kannten wir nicht.« Solche Einsicht haben wir noch seltener von einem Ex-Minister gehört. Er hatte, schon unter Louis XV., gegen die Auflösung des Parlaments protestiert und war darauf in die Provinz verbannt worden; unter dem neuen König verlangte er als erster die Einberufung der Generalstände, deren unmittelbare Nachfolger in der Revolution ihn dann guillotinierten. Ein merkwürdiger Oberzensor, der auch ein Büchlein über die Freiheit der Presse schrieb, neben Abhandlungen über Landbau, Geschichte des öffentlichen Rechtes. Jung noch, wir gehen zurück, war er als Schützling seines Vaters, des damaligen Kanzlers, der Chef des Buchhandels und Aufseher über alle Publikationen geworden, und das blieb er während der Schicksalsjahre der Enzyklopädie. Darf man mit einem Zensor sympathisieren? Wir tun es. Er versuchte, seinen Posten, den er ohne rechte Lust übernommen hatte, mit Anstand zu verwalten. Er hat sogar gesagt, wiederum recht kurios für einen Mann seiner Stellung: »Ein Mensch, der nur die Bücher gelesen hat, die mit ausdrücklicher Genehmigung der Regierung nach gesetzlichen Vorschriften publiziert sind, ist ein Jahrhundert hinter seiner Zeit zurück.« Malesherbes stellte sich entschlossen in die Mitte des Jahrhunderts. Ihm war es zu verdanken, daß die Enzyklopädie ohne ausdrückliche Genehmigung erscheinen konnte. Er wehrte Zumutungen von offiziellen oder inoffiziellen Seiten mit Würde ab: »Ich bin kein Polizist!« Er mußte, und auch das wollen wir nicht übergehen, nach vielen Seiten hin manövrieren. Die Stürmer und Fortschrittler ihrerseits waren keineswegs abgeneigt, ihn anzurufen und die Broschüren ihrer Gegner verbieten zu lassen, wenn sie sich zu empfindlich attackiert fühlten. Der ganz ungemein reizbare Voltaire gibt da ein unschönes Beispiel, das viel Nachfolge gefunden hat. Malesherbes, in kastanienfarbenem Rock mit großen Taschen, das Jabot mit Schnupftabakresten bestreut, in runder, schlecht haltender Perücke, mit wenig brillanter aber entschiedener Sprache, lehnte ab und ließ zu, nach bestem Wissen und Gewissen. Sein Tanzmeister hatte ihm in der Jugend erklärt, er sei hoffnungslos ungeschickt auf dem Parkett. Auf dem sehr viel glatteren Boden seiner Stellung hat er sich mit vorsichtigen Schritten bewährt. Die Geoffrin bemerkte einmal, als über »Anmaßung« diskutiert wurde: Viele Leute spielen nur den Bescheidenen: Malesherbes, das ist ein Mann, der ohne Ansprüche anspruchslos ist.

Zu Voltaire nun, der immer zusammen mit der Enzyklopädie genannt wird. Sie ist in der Tat ohne ihn nicht zu denken; er hatte den Ton angegeben für das Jahrhundert. Er war eine Großmacht geworden, mit der man rechnen mußte, und er hat verschiedentlich in die Kampagne um das Werk eingegriffen. Seine Beiträge freilich, immer wieder versprochen und erhofft, blieben auf wenige Artikel beschränkt, und sie gehörten nicht zu den wichtigsten. Viel zu sehr war er auf sein eignes Renommee bedacht, um seine Kostbarkeiten an ein Sammelwerk zu verschwenden, in dem er allenfalls mit einem Buchstaben am Ende des Artikels erwähnt war. Sehr bald, nach der großen Katastrophe mit dem 7. Band, zog er sich überhaupt zurück und ließ seinen Geist in einem eignen philosophischen Lexikon funkeln mit vielen Einwänden gegen das Werk Diderots, dem er im übrigen persönlich viel Lob und Zustimmung spendete. Voltaire war außerdem sehr umsichtig. Er hatte sich schon rein äußerlich mit bewundernswerter Strategie eine unangreifbare Position geschaffen; seine Besitzungen am Genfer See und in Ferney waren wohlverteilt an der Grenze; er konnte jederzeit bei Gefahr das Terrain wechseln. Er war sehr reich und vermehrte sein Vermögen ständig, nicht nur durch Spekulationen und seine Beziehungen zu den großen Geldleuten; er war auch Seigneur mit feudal-unabhängigem Grundbesitz, Dörfern, Gütern, seiner eignen Uhrenindustrie, die er nicht weniger nachhaltig wie seine literarischen Erzeugnisse in seiner unermeßlichen Korrespondenz über ganz Europa hin empfahl. Unmutig über Diderots philosophische Bedürfnislosigkeit, hat er immer wieder darauf gedrängt, die Enzyklopädie doch ins Ausland, nach Berlin, Petersburg oder Lausanne, zu verlegen. Ärgerlich hat er gemeint, als Diderot bürgerlich-redlich sich darauf berief, er habe doch Verpflichtungen seinen Verlegern gegenüber: Was denn! Solche Leute haben bei uns, den Autoren, im Vorzimmer zu warten! Und was soll denn ein solches Bettelhonorar von 20 000 Francs heißen für eine Arbeit von 20 Jahren! 200 000 wären das mindeste, was Sie, mein Freund, hier in der Schweiz bekommen müßten! Voltaire erhielt solche Honorare.

Er hatte mit seinen kritischen Bemerkungen zu den »Diskursen« nicht unrecht. Voltaire war nicht nur der Meister des Epigramms oder des kleinen satirischen Romans. Er besaß in seinen großen geschichtlichen Werken, die in der Historiographie Epoche machten und von wenigen gelesen werden, eine ganz vorbildliche Ökonomie des Stils, verbunden mit weitester Übersicht und dem Sinn für das Wesentliche. Seine scharfe Ironie duldete keine farbige Rhetorik, am wenigsten in Lexikonartikeln: »Manche der Beiträge sind nichts als unerträgliche Deklamationen. Die Leute, die etwas vorstellen wollen, indem sie ihre Kindereien vorbringen, haben das Werk entschieden geschädigt. Schöngeistige Raserei ist absolut unvereinbar mit einem guten Nachschlagewerk.« Voltaire raste nicht, außer wenn er sich angegriffen fühlte, und auch dann verstand er es sehr wohl, seine Wut bis in die feinsten Spitzen seiner Werkzeuge auszuhämmern und zu polieren.

Die Gegner waren zugleich Voltaires Feinde und die der Enzyklopädie. Die Kampffronten waren die gleichen, auch die Akteure. Kaiser Wilhelm II. hat das peinlich geschmacklose Wort aus seinem törichten Munde fahren lassen: »Die ganze Richtung paßt Uns nicht!«, womit er nicht nur die Sozialisten meinte, sondern auch Kunst und Wissenschaften ihm unerwünschter Art. Wir verwenden die Formel, mit einigen Vorbehalten des Geschmacks, auch für die Feinde der Philosophen, die ähnlich dachten. Von Geschmack war da nicht die Rede, obwohl der »bon goût« sonst als der unfehlbare Maßstab für gut und böse, schön und häßlich galt, auch in der Ästhetik. Die Angriffe waren plump, hämisch, geistlos. Sie kamen von jammervoll kleinen Skribenten. Die Kirche war, wie oft in Krisenzeiten, schlecht bedient; die Monarchie ebenso. Männer und Denker von leidlichem Format, die für die Tradition etwas zu sagen hatten, sind erst fünfzig Jahre später zu Wort gekommen, und sie waren durch die Schule Voltaires und der Enzyklopädisten gegangen. Wir haben keine Lust, nur die Namen der Schreiblinge des längeren zu nennen oder ihre salzlosen Produkte anzuführen, selbst wenn Voltaire eines der Insekten, in Bernstein eingeschlossen, der Nachwelt aufbewahrt hat. Den Herausgeber der einflußreichen »Année littéraire«, Elie Fréron, spießte er in einem Vierzeiler auf: Eine Schlange pirscht sich an den schlafenden Giftbold heran und beißt ihn:

> Was aber glaubt Ihr, daß passiert?
> Nicht er – die Schlange ist krepiert.

Wir sind weit davon entfernt, Voltaire für weniger gefährlich zu halten als Fréron. Aber in diesem Streit um die Enzyklopädie kann Hyperobjektivität aus späterer Sicht zur Ungerechtigkeit werden. Die Philosophen, wie man sie nannte, fochten allein oder in kleinen Trupps. Niemand stand hinter ihnen. Vor sich hatten sie das launische, höchst unzuverlässige Publikum. Das applaudierte oder drehte, wie im römischen Zirkus, den Daumen nach unten. Exil, Beschlagnahme, bürgerliche Existenzvernichtung konnten verhängt werden. Verhaftung hat Diderot nicht nur einmal gedroht, sondern immer wieder; Voltaire mahnte ihn nicht ohne Grund, zu flüchten. Mit Schlimmerem wurde gewinkt. Der Minister d'Argenson notiert in seinen Aufzeichnungen, nach dem ersten Verbot, das die Enzyklopädie als ein Werk der Rebellion gegen Gott und die königliche Autorität bezeichnete: »Man sagt, daß die Verfasser in Kürze zum Tode verurteilt werden sollen, und daß nichts davon abhalten kann, sie zu denunzieren und zur Strecke zu bringen.«

Denunziation: Das ist das Wort. Die Gegner waren kleine Kläffer, aber sie beriefen sich auf die königliche Autorität, die zum Schutze der Kirche, des Glaubens, der Moral rücksichtslos eingreifen müsse. Sie hatten hinter sich den Staatsapparat, so willkürlich und in den Angeln knirschend er funktionierte. Sie konnten die Kirche mobilisieren, so bedenklich diese in sich gespalten war. Sie konnten auf die Bastille weisen, als ragendes Mahnmal und Schreckbild. Wir haben wenig Geduld mit Betrachtungen, die uns nahelegen wollen, daß dies alles doch nicht so schlimm gewesen sei und daß man meist bald freigelassen wurde oder flüchten konnte. Nur die Anarchie des Staates Louis' XV. hat verhindert, daß allzuviel leiblicher Tod verhängt wurde. Der Terror blieb, und man kann ihn nicht mit statistischen Angaben über seine Opfer erfassen. Er wird auch nicht harmloser, wenn man ihn mit den ungeheuerlichen Opferzahlen unserer Tage vergleicht. Auch diese werden bereits verharmlost. Wenn die Enzyklopädisten von Toleranz sprachen, so hatte das Wort nur zu oft einen äußerst dringenden, beschwörenden, ja nahezu flehenden Ton. Wenn sie mit der Moral, oft reichlich rhetorisch deklamierend, operierten, so hatten sie immerhin eine Gesellschaft vor Augen, für die Korruption oder Unmoral als Bezeichnungen genügen mögen; wir ersparen uns Tiraden über den Hof und den Hirschpark, den Klerus, die Generalpächter und Großfinanziers oder die großen, mittleren und kleineren Häuser mitsamt dem Bürgertum.

Das Hauptargument der Gegner, immer wiederkehrend in monotoner Reihenfolge, war das stets beliebte der »Unterwühlung« der bestehenden Ordnung. Wir haben genug darüber gesagt, wie unordentlich sie war. Es wurde eingegriffen, bei ganz zufälligen Anlässen, blind, massiv, ohne Folge und Konsequenz. Von solchen Anlässen ist noch etwas zu sagen, denn sie bestimmten das Schicksal der Enzyklopädie. Es ging um rein literarische Produktionen oder auch um Ereignisse auf dem politischen Schauplatz. Eine Broschüre eines Abbé de Prades, der einige Beiträge zu der Enzyklopädie geliefert hatte, eine Dissertation vor der Sorbonne, war das entscheidende auslösende Moment für das erste Verbot; ein wahrer Rattenknäuel von Erbärmlichkeiten und Feigheit. Der Abbé hatte seine These vor den versammelten Gelehrten vorgetragen, die wahrscheinlich schliefen, denn sie fanden nichts zu beanstanden; er sprach über das »himmlische Jerusalem«, was den meisten wohl genügte. Er hatte jedoch, aus Locke entnommen, sich auf das Naturrecht bezogen, und auch an der noch geheiligten Chronologie des Alten Testaments einige Kritik geübt. Das fanden nun andere als die Sorbonnisten heraus und erregten einen Sturm. Die erschreckten Professoren wachten auf, beriefen eine größere Sitzung ein und verdammten feierlich das Machwerk. Der Erzbischof von Paris trat hinzu, auch der Papst meldete sich. Ein Bischof erklärte: »Die Hölle hat ihr Gift ausgespieen, Tropfen um Tropfen.« Der Abbé flüchtete nach Berlin und wurde Vorleser bei Friedrich dem Großen, der ihn spöttisch seinen »kleinen Ketzer« nannte. Der Abbé war kein Held. Er widerrief seine Irrtümer, wagte sich aber nicht nach Frankreich zurück und starb mit einer kleinen Sinekure des Atheistenkönigs in Glogau.

Immerhin genügte diese klägliche Affäre in ihrem Beginn, das Verbot der Enzyklopädie in Gang zu setzen. Eine ähnliche, etwas bedeutendere Angelegenheit führte zu dem zweiten und das Werk verkrüppelnden Verbot bei Abschluß des 7. Bandes. Es handelte sich um ein Buch, das an und für sich nichts mit der Enzyklopädie zu tun hatte und dessen Verfasser gar keinen Beitrag geliefert hatte. Der ehemalige Generalpächter – was stets identisch war mit »Millionär« – Helvétius hatte arglos und ahnungslos sein Buch »de l'esprit« veröffentlicht, mit Genehmigung der Zensur des Malesherbes. Helvétius war ein Mann der besten Gesellschaft, er gab jeden Dienstag ein Diner, das aber ohne rechte Belebung verlief; es fehlte ihm die Gabe, ein Gespräch in Gang zu bringen. Auch sein Buch ist die mühsam-ungeordnete Arbeit eines Dilettanten. Es handelt nicht vom Geist, wie der Titel verheißt, sondern von der Moral. Die müsse, so meint er, nun endlich wie eine Wissenschaft behandelt werden; eine Ethik sei zu schaffen nach dem Modell eines physikalischen Experimentes. Das Interesse des Individuums am eignen Ich sei das Hauptprinzip, durch das man sich leiten lassen müsse: Auch zur Tugend, gerade zur Tugend, die vom wohlverstandenen Selbstinteresse gefordert wird. Helvétius wünschte aber nicht nur Glück und Wohlergehen für sich selber. Er wollte davon mitteilen, denn auch das lag im Interesse des Individuums. Das Eigentum sollte nicht abgeschafft werden – wie andere, sehr viel kühnere Zeitgenossen schon vorschlugen, die nicht verboten wurden –, aber es sollte dafür gesorgt werden, daß die Lasten besser verteilt würden. Erziehung, Bildung müßten allen zugänglich sein, die schwere Arbeit sollte herabgesetzt werden; er plädierte bereits für einen Achtstundentag. Er war ein Vorläufer der späteren Utilitarier vom Schlage Benthams. All das wäre wohl kaum solch Aufsehens wert gewesen, wenn Helvétius nicht in Anmerkungen und verstreuten Sätzen aufreizende Details zur Zeitgeschichte gebracht hätte. Er polemisiert gegen die Zwangsarbeit der Landbevölkerung beim Straßenbau, ein unentbehrliches Stück der Finanzpolitik, gegen die Kirche, die nicht dem allgemeinen Besten dient, sondern nur ihre eigensüchtigen Interessen verfolgt – das »persönliche Interesse« hier als Egoismus einer Korporation verstanden –, gegen Wunderglauben und Klosterwesen, gegen die Kolonialwirtschaft: »Keine Ladung Zucker trifft in Europa ein, die nicht von Menschenblut gefärbt ist.« Es dürften diese Nebenbemerkungen vor allem gewesen sein, die solche Aufregung verursachten. Daß die Zeitgenossen ihn als gefährlichen Vorkämpfer des Materialismus ansahen, dem sie alle huldigten, ist unwahrscheinlich. Sicher ist aber, daß man in dem Buch einen Anschlag auf die bestehende Ordnung erblickte. Und so wurde es verboten und verbrannt. Die Folgen für den Autor waren nicht aufregend. Ein Herr mit 200000 Francs Rente und Beziehungen zum Hofe, wo er im Dienst der Königin ein Ehrenamt innehatte, war vorsichtig anzufassen; man entließ ihn nur von diesem Posten. Helvétius leistete feierliche Abbitte für seine Kühnheiten. Die ganze Wucht des Schlages, der gegen die »ganze Richtung« geführt werden sollte, fiel auf Diderot und seine Enzyklopädie, die zusammen mit dem Werk des Helvétius angeklagt war und dabei auf der Strecke blieb. Es wurde allgemein behauptet, Diderot habe an dem Buch des ihm persönlich recht fernstehenden Helvétius mitgearbeitet. Wir können von Diderots Geist in dem Werk »über den Geist« nichts entdecken.

Ein politisches Ereignis hatte die Situation noch erheblich verschärft. Durch einen Schwachsinnigen namens Damiens war ein Attentat auf den König verübt worden, mit einem Taschenmesser. Der Täter behauptete, er habe den König nur »aufwecken wollen« zu seiner Pflicht, das Volk zu beglücken. Die Wunde war leicht, aber der stattliche und berühmt gesunde Louis zitterte eine Woche lang: das Messer könnte vergiftet gewesen sein. Damiens wurde hingerichtet und öffentlich abgeschlachtet, auf eine Weise, die selbst die an viele Roheiten gewöhnte Rokokogesellschaft erschreckte, oder faszinierte, je nachdem. Die Damenwelt sah bei den vielstündigen Torturen aus gemieteten Fensterlogen aufmerksam zu; Casanova hat als Augenzeuge Details beschrieben, die uns die Unterseite der Erotik jener Zeit aufdecken. In der allgemeinen Rührung war ein Edikt erlassen worden, das die Todesstrafe verhängte für Verfasser von »allem Gedruckten oder Geschriebenen, das die Religion angreift, die öffentliche Meinung aufreizt oder Unsere Autorität beeinträchtigt«. Für Verleger oder Buchhändler waren die Galeeren angedroht. Das Edikt wurde, wie manche Pronunciamentos solcher Art – wir denken an Karls V. Zensur-Ukas vom Reichstag zu Worms – nicht wörtlich befolgt. Es hing aber immerhin über der Szene. Verdammung durch den Generalstaatsanwalt bei dem Prozeß um Helvétius, das Zensuredikt, und unaufhörliche Presseangriffe, die sich bis zu sechsbändigen Publikationen steigerten, Satiren hämischer Art, in denen die Enzyklopädisten als ein Stamm der »Cacouacs« verhöhnt wurden, als eine feige und hintertückische Gesellschaft auf einer der beliebten neuentdeckten anonymen Inseln, mit Gift unter der Zunge als einziger Waffe, und Gift, das sie auch von hinten verspritzen: All das hatte zur Folge, daß Diderot von seinen wichtigsten Mitarbeitern im Stich gelassen wurde. D'Alembert machte den Anfang. Er desertierte unter verschiedenen Vorwänden, darunter Beschwerden über ungenügende Honorarzahlung, die Diderot in grandiosem Leichtsinn aus eigner schmaler Kasse zu ergänzen anbot. D'Alembert hatte noch andere Gründe. Er war kein Kämpfer. Die Presse-Kampagnen, die der so viel robustere Diderot leicht von seinen Schultern abschüttelte, trafen ihn empfindlich. Und dann hatte er einen sehr ungeschickten Beitrag in den letzterschienenen Band eingefügt, über »Genf«. Seine Sache waren sonst in der Hauptsache die mathematischen Artikel, obwohl er sich auch zu anderen Themen äußerte. Hier aber ging es um theologische Fragen. Er hatte sich schulmeisternd über Calvin geäußert und gemeint, für einen Ketzer sei er immerhin ein recht erleuchteter Geist gewesen. Die Genfer Pastoren schäumten. Sie wurden noch aufgeregter, als sie lasen, daß nach d'Alembert unter ihnen »Socinianer« seien, die schlimmsten Häretiker auch nach protestantischer Ansicht, die das Dogma der Trinität, die Göttlichkeit Christi wie überhaupt alle Mysterien ablehnten. Die Republik Genf protestierte auf diplomatischem Wege in Paris. Der Artikel wurde zum Tagesgespräch und erfreute alle, die schon immer behauptet hatten, die Enzyklopädisten seien Feinde jeden Glaubens. D'Alembert hatte noch einen anderen Satz fallenlassen, der uns läppisch erscheint, aber einen neuen Skandal hervorrief: Er legte den Genfern nahe, sie sollten doch endlich ihre puritanische Engherzigkeit aufgeben und Schauspielvorführungen in ihrer Stadt erlauben. Das war ein Wink Voltaires, der vor den Toren von Genf auf seinem fürstlichen Besitz Les Délices gerne Theater spielen ließ und nicht einsah, warum das verpönt sein sollte. Niemand hätte davon wohl Notiz genommen, wenn nicht der Bundesgenosse und Mitstreiter Rousseau sich bewogen gesehen hätte, die Sache in einem feierlichen Sendschreiben aufzugreifen, das D'Alembert und Diderot heftig attackierte. Der Verfasser des »Dorforakels« und eines halben Dutzends anderer Opern war plötzlich ein Feind des sittenverheerenden Theaters. Er wollte die Tugend seiner Vaterstadt schützen und überhaupt mit der ganzen Richtung der Atheisten brechen. Er propagierte nun seine eigne, rousseauische Frömmigkeit. Mit seinem genialen Gespür für Zeitströmungen hatte er erfaßt, daß das Publikum bereits der Anrufungen an die Vernunft etwas müde geworden war und vom Herzen oder dem Sternenhimmel, nicht von astronomischen Formeln hören wollte. Sein Herz sagte ihm auch, daß er durch Diderot und dessen Kreis »verraten« worden sei. Damit bemäntelte er seinen Verrat an den Freunden und Genossen. Die Sache, so kläglich sie ist, machte Sensation, und sie war eine Sensation, weit über den Anlaß hinaus. Der Bund der Enzyklopädisten, den man in der Propaganda als eine gewaltige unterirdische Geheimverschwörung hingestellt hatte, war gesprengt und zerfiel. Schadenfreude war die Losung, Hohn und Genugtuung. Voltaire blies noch ins Feuer mit einer sehr bösen anonymen Broschüre gegen Rousseau. Nicht anders als Erasmus, der Hutten seine Syphilis vorhielt, brachte er Rousseaus verengte Harnröhre aufs Tapet, die schwerlich nur auf einen Geburtsfehler zurückzuführen sei.

D'Alembert, hier die vornehmere Seite seines zusammengesetzten Charakters zeigend, verteidigte den Mann, der ihn eben angegriffen hatte, gegen Voltaire: Man dürfe Rousseau nicht so öffentlich bloßstellen, »er ist ein Kranker mit viel Geist, und er hat nur Geist, wenn er fiebert. Heilen kann man ihn nicht, aber man soll ihn auch nicht kränken«.

Voltaire hatte immer wieder gemahnt: »Bildet ein Korps, meine Herren! Seid einig, o Brüder!« Er sprach sogar von einem Bund nach dem Modell der Freimaurer, die soeben begannen, sich im Großen zu organisieren. »Wenn Ihr dem Bruderbund treu seid, dann will ich mich für Euch verbrennen lassen...« Er wandelt das rasch ab: »Nein, das nicht, aber ich werde solche, die ich bezeichne, verbrennen oder wenigstens ausschließen lassen!« Das ist leicht hingeschrieben. Wir haben solche Rezepte in schauderhafter Wirklichkeit befolgt gesehen.

Voltaire war kein Feldherr, auch wenn er militärische Terminologie verwendete. Diplomatie war seine starke Seite, und er betrieb sie sehr viel besser als die Berufsdiplomaten; sein Gönner Friedrich wollte ihn sogar benutzen, um die Pompadour mit einer halben Million Francs zu bestechen, zur Beendigung des Kriegs, der zeitweilig gar nicht gut für ihn stand. Diplomatisch lud Voltaire auch die aufgeregten Genfer Pastoren zu einem ausgesuchten Diner in Les Délices ein: »Man muß sich nicht nur über sie mokieren, man muß auch höflich sein«, schrieb er an d'Alembert. Er baute sein Malepartus mit vielen Ausgängen aus: »Der Philosoph muß zwei oder drei Schlupflöcher haben, gegen die Hunde, die ihm nachstellen.« Er dachte sogar an einen vierten Ausgang, in Savoyen, um ganz sicher zu gehen. Stolz schrieb er von dieser unangreifbaren Fortkette aus: »Ich regiere!« Die Kampftruppe, das Korps, sollte weiter vorn, im freien Gelände von Paris, operieren. Es fehlte jedoch an Korpsgeist. Sie liefen auseinander. Jeder publizierte auf eigene Faust, sammelte separat seine Beiträge zur Enzyklopädie oder schrieb Neues.

Wir können der Tencin nicht so ganz Unrecht geben beim Anblick dieser Menagerie, in der selbst Voltaire eher die Rolle des Fuchses spielt als die eines Königs der Tiere. Nur im Rückblick sind die Enzyklopädisten eine Einheit. Diderot, als einziger, blieb auf seinem Posten. Er besaß keinen Fuchsbau. Er hauste im vierten Stock eines Miethauses. Der Polizist konnte jederzeit, was er schon verschiedentlich getan, die enge Treppe hinaufsteigen und unter den Papieren wühlen. Wenn Diderot doch weiterarbeiten durfte, so verdankte er das nicht den Genossen, sondern den Ereignissen auf der größeren Bühne der Politik. Da kam der Feldzug gegen die Jesuiten in Gang, eine willkommene Ablenkung von der Niederlage im Siebenjährigen Krieg. 1764 – gerade kurz vor dem Erscheinen der letzten Bände der Enzyklopädie – wurden ihre hartnäckigsten Gegner aus Frankreich verbannt. Es war der letzte Triumph der Pompadour, die auch unerschütterlich bis zu ihrem frühen Tode ihre Stellung hielt, »gelb im Gesicht, von Busen ist nichts mehr zu vermelden«, notierte ein Beobachter. Sie war ausgezehrt von ihrem eignen zwanzigjährigen Kampf, schrie laut vor Nervosität und starb, froh alles hinter sich gebracht zu haben, wie sie ihren Vertrauten zuflüsterte. Der Dauphin starb unvermutet, auf den die Kirchenpartei große Hoffnungen gesetzt hatte. Es begann das große Revirement bei Systemwechsel, das Minister, Höflinge, Chargen aller Art und die ungeheuren finanziellen Begünstigungen bei solcher Gelegenheit in seine Kreise zog. Denn alles hing jetzt davon ab, wer zu Versailles über den absoluten Monarchen herrschen würde. Es konnte nur ein Weib sein. Der beneidenswert gesunde Bourbone war noch tatkräftig genug. Er folgte dem Zug der Zeit zur Demokratie. Seine ersten Mätressen hatte er noch, der Tradition seines Vorgängers mit strenger Etikette folgend, aus der aristokratischen Hofgesellschaft entnommen. Dann kam die Pompadour, aus dem Bürgertum stammend. Und nun ein Kind aus der Hefe des Volkes, eine derbe, lustige, sehr schöne und ziemlich dumme Person, die als Gräfin Dubarry, nach dem Namen eines rasch beschafften Gatten, der unverzüglich ins Dunkel abgeschoben wurde, in das Licht der Geschichte eingetreten ist. Dieser Personalwechsel verursachte jedoch ungeheure Verwirrung und Aufregung bei Hofe, und einige Jahre angestrengter Arbeit der Drahtzieher. Es blieb wenig Zeit übrig, sich um so mindere Angelegenheiten wie die Enzyklopädie näher zu kümmern. Sie konnte verteilt werden, ohne Erlaubnis, und trotz neuer Vorstöße der Kirchenversammlungen oder verstreuter Halb-Maßnahmen, die nicht besser befolgt wurden als das große Zensuredikt oder der große Bann des Papstes, der sich auch noch geäußert hatte, ehe Rom den Bann gegen den Jesuitenorden verkündete.

Diderot war erschöpft und schwer verwundet, durch den Betrug Le Bretons mit der Verstümmelung seiner Texte und die Erfahrungen mit den Genossen. Er wußte besser als jeder andere, wie verbesserungsbedürftig das große Werk war. Er hatte sich schon in einem der ersten Bände mit bewundernswerter Offenheit darüber geäußert. Die Kritiken waren nicht alle bösartig und feindselig gewesen; man hatte zu den »Diskursen« auch ernstliche Beiträge zur Debatte gestellt, Supplemente wurden erwogen, Neubearbeitungen gefordert. Und nun trat an ihn ein neuer Verleger heran, ein gewisser Panckoucke, Pfannkuchen, aus Lille, mit großen Projekten für Fortführung des Unternehmens. Diderot war müde. Die Enzyklopädie interessierte ihn nicht mehr. Mochten die Verleger ihre Geschäfte machen! Panckoucke war der Mann dazu. Er hatte bereits unter der Hand Le Breton seine Rechte abgekauft, der alt war und schleunigst seinen Gewinn in Sicherheit bringen wollte. Panckoucke war ein kleiner Napoleon des Buchhandels und er hat dann in der Tat ein Buch-Empire aufgerichtet, das riesenhaft wurde und noch vor dem Reich Bonapartes zusammenbrach; die Trümmer füllten bis zur nächsten Jahrhundertmitte die Buchläden. Er hat sogleich – ohne Diderot – die Supplementbände herausgebracht, einen Neudruck des Gesamtwerkes veranstaltet, eine ganz neu angeordnete »Encyclopédie méthodique« in Einzelabteilungen für Wissensgebiete wie Mathematik, Medizin, Philosophie begonnen, die schließlich bis auf 200 Bände anwuchs und auch einen Band für Anekdoten und witzige Aussprüche enthielt; Diderots Schüler und Adlatus Naigeon hat da noch die Abteilung Philosophie übernommen. Panckoucke dachte nur in Serien ungemessener Ausdehnung, ein französisches Wörterbuch in 30 Bänden, ein juristisches Repertorium, ein Voltaire in 70 Bänden, er gab den Mercure, den Moniteur heraus, alles nur zu Beginn, andere führten das weiter. Nun, im Anfang seiner Karriere, trat er sehr selbstgewiß an den brauchbaren Redakteur heran und stieg in den vierten Stock hinauf, der ein entsprechend bescheiden bemessenes Honorar nahelegte. Er winkte damit, daß schon der Deserteur d'Alembert, der große Voltaire mitarbeiten würden, was wirklich geschah. Er hatte überall seine Verbindungen, er war auf sehr moderne Weise ein Reiseverleger; in Genf, in Amsterdam hatte er schon vorgefühlt. Diderot stöhnte nur: »Scheren Sie sich zum Teufel! Und wenn Sie mir 20 000 Goldlouis anbieten würden und ich die Arbeit in einem Augenzwinkern erledigen könnte: Ich würde es nicht tun. Wenns gefällig ist: Gehen Sie und lassen Sie mich in Ruhe!«

Kopfschüttelnd schritt Panckoucke die enge Treppe hinab. Er reiste unverzüglich nach Genf und Amsterdam und schloß dort ab.

Ein arroganter Parvenu! schrieb Diderot in dem Brief, der seinen Ärger zu Papier brachte. Im Grunde hatte er Panckoucke seine Wut über den verräterischen Le Breton ins Gesicht geschrien, die Feigheit der Genossen und seine Verzweiflung über zwanzig Jahre der Arbeit und Kämpfe. Er hat von da ab nichts mehr in Druck gegeben. Er war 56 und hatte noch 28 Jahre zu leben. Seine reifsten Werke, seine kühnsten Gedanken schrieb er nur noch mit der Hand für den kleinen Kreis der Menschen, die ihm verblieben waren. Die wichtigsten wurden erst nach seinem Tode veröffentlicht.

Der Philosoph in der Arbeitsstube auf dem Lande

Eine solche Schriftstellerlaufbahn hat es wohl kaum je gegeben. In der Mitte zerfällt sie in zwei getrennte Teile. Der in ganz Europa berühmte Autor, Chef des gewaltigen Unternehmens der Enzyklopädie, das eine Revolution in den Geistern – und auch im Buchhandel – hervorgerufen hat, der Verfasser von so vielen und so oft nachgedruckten Büchern, die bereits in einer sechsbändigen Gesamtausgabe in Amsterdam erschienen, Autor von vielbeachteten Theaterstücken dazu, die auf ihre Weise Epoche machten und einen Lessing in Bewegung setzten – er legt plötzlich seine Feder hin und verschwindet aus der Öffentlichkeit. Er hat unzählige Druckbogen korrigiert, über 1000 große Kupferstichtafeln auf das eingehendste redigiert und – nebenbei noch, denn er war ein großer Verschwender – allen möglichen Leuten etwas abgegeben von seinem Reichtum in Skizzen, Ideen, rasch hingeschriebenen Bogen: »Machen Sie damit, was Sie wollen.« Er zieht sich zurück. Man hört kaum noch etwas von ihm, obwohl er weiterhin berühmt bleibt, aufgesucht wird von den Fremden, die nach Paris kommen; die große Katharina, die »Semiramis des Nordens«, lädt ihn ein, sie in ihrem Eispalast an der Newa zu besuchen und in Rußland doch endlich eine unverstümmelte, neue Ausgabe seines Hauptwerkes zu veranstalten. Sie erscheint aber nicht. Es erscheint überhaupt nichts unter dem Namen des großen Autors. Nur Eingeweihte wissen, daß er nicht etwa völlig Schluß gemacht hat; man hört, daß er gelegentlich Beiträge zu der handschriftlich vervielfältigten Zeitschrift seines Freundes Grimm liefert, die aber nur in die Hände von etwa zwanzig Subskribenten, Fürsten, Prinzen, Königen im Ausland kommen. Man sieht ihn zwar gelegentlich in Gesellschaften. Er gilt als interessanter Causeur, mit etwas wilder Suada, als großer Atheist und Materialist, im übrigen als ein »Diogenes« in der Tonne. Man bildet ihn ab mit dem Profil eines griechischen oder römischen Weisen vom skeptischen Stil mit scharfer Nase und wie in Marmor gemeißelten Zügen. Er gehört zum Inventar von Paris, aber doch allmählich mit der herablassenden Note: »Ach ja, wir haben da noch den Diderot, natürlich, sie müssen ihn sehen.« In den Kunstausstellungen im Louvre taucht er auf, man kann ihn im Kaffeehaus treffen oder bei Freunden. Und dann beginnt man ihn zu vergessen.

Die Deutschen nur adoptieren ihn; in deutscher Übersetzung erscheinen nach seinem Tode zuerst sein Roman »Jacques le Fataliste«, von Goethe übertragen der »Neffe des Rameau«, den man aus der deutschen Fassung schlecht und recht ins Französische zurückübersetzen muß, da das Original nicht aufzutreiben ist. Es kommt erst 1823 zu einer Ausgabe von Diderots Text, ungefähr zur gleichen Zeit, als die letzten Bände der von Panckoucke begonnenen Mammut-Enzyklopädie erscheinen. Genaugenommen steigt das Original erst über hundert Jahre nach dem Tode Diderots ans Licht; aufgefunden am Quai Voltaire im Kasten eines Bouquinisten, versteckt im unansehnlichen Band 126 einer Sammlung von Theaterstücken.

Das ist die Werkgeschichte. Ein Leben aber zerfällt nicht, obwohl man auch da gern übersichtliche Epochen einzeichnet. Bei Diderot ist das noch weniger am Platze als bei anderen. Er ist schon früh ganz er selber; dann verliert er sich gern in Improvisationen oder verbissener Arbeit an dem Hauptwerk. Selbst während der Fron an diesem Riesenunternehmen bricht er ganz unbekümmert aus in »etwas ganz anderes«, das Theater, und versucht sich an seinen Dramen und Essays zur Dramaturgie. Eine streng chronologische Verfolgung dieses Weges führt zu einem Gespräch mit dem Autor, das fortwährend unterbrochen wird. Wir wollten uns mit ihm unterhalten.

Wir steigen die vier Treppen hinauf zu der Wohnung in der rue Taranne. Diderot hat uns sein Zimmer beschrieben, in seinem »Klagegesang über meinen alten Schlafrock«. Die Geoffrin, als unverbesserliche Bourgeoise, hatte einmal seine längere Abwesenheit von Paris benutzt, um seine Wohnung umzumöblieren; sie fand es unmöglich, wie er da hauste, und wollte ihm, nach ihrem Geschmack, etwas Gutes antun, mit einem eleganten Schreibsekretär, Wandbespannung in Damast und einem scharlachfarbenen seidenen Schlafrock. Diderot jammert dem alten nach. Der war häßlich, aber er saß bequem. Die Feder hatte er an ihm abgewischt, wenn die Tinte stockte: »Diese langen Streifen verkündeten den Literaten, den Schriftsteller; den Mann, der arbeitet.« Er paßte zu dem übrigen: ein Stuhl mit Strohgeflecht, ein schlichter Tisch, ein Bücherbrett aus Tannenholz. An der Wand mit einem einfachen Bezug aus einer italienischen Fabrik für Bunttapeten einige Kupferstiche, ohne Rahmen, dazwischen ein paar Gipsbüsten, Horaz, Homer, Virgil. Auf dem Tisch die Menge von Broschüren und Druckbogen in Stößen. Er rast etwas kokett über den neuen Luxus, den die Spiegelglasfabrikantin ihm beschert hat: Hütet euch, meine Freunde, vor den

Verführungen des Reichtums! Noch ist das Gift nicht einge-
drungen, aber wer weiß, was mit der Zeit passiert?

Wir erfahren nicht, wo Madame Diderot untergebracht ist und
die Tochter, die nun heranwächst. Es ist eine Junggesellenwirt-
schaft. Wir steigen noch eine weitere Treppe hinauf, denn im
Dachgeschoß hat Diderot sich die Redaktion seiner Enzyklopädie eingerichtet. Wie es da aussah, hat niemand beschrieben.
Wir nehmen an, daß statt der 20 Pappkästen vom ersten Anfang,
die beschlagnahmt und zurückgegeben wurden, etwa fünfzig
oder hundert vorhanden waren. Für die Redaktion vom Um-
fang eines solchen Werkes braucht man heute ein Hochhaus und
einen Stab von 200 Angestellten. Diderot schrieb mit der Hand.
Seine Mitarbeiter schickten handgeschriebene Manuskripte ein;
manche von ihnen benutzten als Vorlage die übersetzten Bogen
aus dem alten Chambers und arbeiteten sie um, wie es auch
d'Alembert häufig tat. Die größeren Artikel wurden nur selten
gründlicher redigiert. Ein wesentlicher Teil der Enzyklopädie
besteht im Grunde aus »gesammelten Aufsätzen«. Dazu kommen noch Einsendungen der Leser im Laufe der Arbeit, immer
größere und wertvollere mit neuen Anregungen und Informationen, oft aus Techniken und Wissenschaftsgebieten, die eben
erst in den Anfängen stehen wie etwa die Veterinärkunde und
die Volkswirtschaftslehre. Dr. Quesnay, der Leibarzt der Pompadour, liefert grundlegende Aufsätze über Farmer oder Ge-
treide; sie werden einmal in der Geschichte der Nationalökonomie als erste Vorläufer für Adam Smith erwähnt werden. Wo
aber bleibt der Redaktionsstab? Wo sind die Sekretäre und
Sekretärinnen? Wir sehen sie nicht. Wir erkennen nur die Korrekturbogen, die Diderot selber in die Druckerei des Le Breton
trägt und dort mit den Setzern durchspricht. Wir entnehmen
aus den ausgedruckten Bänden, wie viele hundert Artikel er
selber verfaßt oder nach Vorlagen umgeschrieben hat. Sie sind
mit einem Sternchen bezeichnet, das uns an die Perle auf den
Messern seines Vaters erinnert. Eine stattliche Bibliothek steht
zur Verfügung, und die Verleger haben in ihrer Großmut versprochen, sie ihm nach Beendigung der Arbeit als Eigentum zu
überlassen. Was aus diesen Bänden entnommen wurde, hat noch

niemand festgestellt; es ist auch gleichgültig; kein Nachschlage-werk wird aus dem Nichts geboren. Erstaunlich ist vielmehr, wie-viel Eignes in den siebzehn Bänden steckt, und wie Diderot es verstanden hat, das große Gewebe bei allen Auslassungen und Löchern doch zu verknüpfen.

Gar keine Helfer? Doch, da ist ein Chevalier de Jaucourt als Arbeitsbiene, der Treueste der Treuen, als fast alle flüchten. Ein Mann aus dem ältesten Adel, mit Marquisen und hohen Wür-denträgern als Verwandten, umfassend gebildet in Leiden, Cambridge, Genf, mit Sprachen- und Bücherkenntnis. Ein sanf-ter, liebenswürdiger Herr, überall beliebt; er könnte sogar Prä-sident der Berliner Akademie werden, wie vorgeschlagen ist. Er wird zum Fanatiker der Lexikographie statt dessen. Er arbeitet so emsig, daß selbst Diderot sich gelegentlich über ihn lustig macht: »Fürchten Sie nicht«, schreibt er an seine Freundin, »daß er sich langweilt bei seiner Artikelmühle; Gott hat ihn für solche Arbeit gemacht.« Er schreibt über Charlatan, Despotismus, En-thusiasmus, Gouvernement, Hermaphrodit, Moral, die Musen, die Quäker, Tyrannei, Virginität und Xavier. Er verkauft sogar sein Haus an Le Breton, um sich auf eigne Kosten ein paar Ab-schreiber zu halten. Und als die Enzyklopädie zu Ende geht, robotet er weiter an anderen ähnlichen Werken bis zu seinem Tode, ohne die Feder nur abzusetzen. D'Alembert spottet über ihn: »Er kann nur an mehreren Bänden in Folio arbeiten.« Dabei ist er keineswegs nur ein Zeilenschinder. Er übernimmt auch wichtige, heikle Beiträge, wie eine Übersicht Frankreichs, in der er mutig die ungleiche Verteilung des Besitzes betont und mit ähnlichen Zuständen zu Rom vor dem Fall der Republik ver-gleicht; er beklagt das Übergewicht von Paris, die klägliche Lage der Landbevölkerung. Er spricht im Artikel Gouverne-ment von der Freiheit als größtem Gut, in kurzen Sätzen, sehr viel weniger deklamatorisch als die meisten Beiträgler. Respekt vor dem Chevalier! Er war ein Helfer.

In dem Dachgeschoß stehen auch noch Modelle von Wirkma-schinen und ähnlichem Gerät, in verkleinerter Form; die industri-elle Revolution hat bereits begonnen. Diderot nimmt sie ausein-ander und setzt sie wieder zusammen, bis er jeden Arbeitsgang erfaßt hat und sie seinen Zeichnern klarmachen kann für die Tafelbände, bei denen er keine Assistenz hat. Vielleicht kann die Mühseligkeit dieser Prozedur, bei der es sich noch um Hunderte von Einzelteilen handelt, die numeriert werden müssen, und die Schwierigkeit, solche Dinge selbst einem geschickten Künstler zu diktieren, nur beurteilen, wer selber ähnliche Arbeit geleistet hat. Denn diese Tafeln kommen in die Hände von Fachleuten (wie Diderots Vater einer war), die jedes Rädchen aus lebenslanger Praxis kennen. Sie kommen in die Hände von Fabrikanten und Ingenieuren, die danach arbeiten wollen und ihren Betrieb verbessern. So haben sie gewirkt. Der Sultan ließ seine Geschützgießereien nach den Anweisungen in den Tafeln Diderots auf einen höheren Stand bringen. Die Geschichten der Technik beziehen aus diesen Bänden ihre besten Illustrationen über den Stand jener Zeit; die Antiquare schneiden sie leider auseinander und verkaufen die Stiche als Wandschmuck, denn jedes Blatt trägt am Kopf eine recht malerische Gesamtdarstellung einer Werkstatt. Wir müssen gestehen, daß uns diese Tafelbände meist etwas mehr angezogen haben als die oft vagen Abhandlungen in den Texten oder die listigen Sottisen über religiöse Themen, die von den Gegnern herausgegriffen wurden und deshalb die besondere Beachtung spätester Betrachter fanden. Die Forderung des »klar und deutlich«, die »Methode« nach Descartes, ist in ihnen erheblich besser verwirklicht als in den philosophischen Beiträgen. Deren Gedanken findet man anderswo in der Literatur der Zeit eindrucksvoller präsentiert. Man braucht hierfür nicht in den »Diskursen« nachzuschlagen, und was Diderot hierzu beisteuerte, zeigt ihn kaum als Philosophen von großem Format. Dazu schweifte er viel zu gern ab. Es ist eine eigentümliche Seite seines komplexen Genius, daß er gerade bei dieser praktischen Aufgabe der Bilder sich so konzentrieren, daß er so exakt sein konnte und so beharrlich. Diese Tafeln liegen »gut in der Hand«, wie man von den Skalpellen seines Vaters gesagt hat.

Diderot war kein Jaucourt. Er saß nicht festgebannt auf seinem binsengeflochtenen Stuhl; das tat eher sein Freund Grimm mit seiner handgeschriebenen Zeitschrift, den man daher im

Freundeskreis den »Strohsessel« taufte. Seine Redaktionsarbeit schon erledigte Diderot lieber ambulant. Er spazierte in die Druckerei und konferierte dort stundenlang mit dem Oberfaktor der Setzer. Er ging Wochen um Wochen in die Werkstätten der Strumpfwirker, Gobelinarbeiter, Möbeltischler und anderer Gewerbe, in die Laboratorien; er hörte Vorlesungen über Chemie und verließ sich nicht nur auf seine Referenzbibliothek. Er betrieb das alles hartnäckig und lässig, seiner Natur gemäß. Wenn Le Breton ihn bei den letzten zehn Bänden so schändlich betrügen konnte mit seiner eigenmächtigen Zensur, so können wir uns nicht enthalten, etwas verwundert zu fragen, wie es möglich war, daß der Herausgeber davon so gar nichts merkte. Le Breton ließ vorsichtshalber die von Diderot genehmigten Korrekturbogen verschwinden; er vernichtete obendrein die Originalbeiträge. Nun gut, aber all das einige Jahre lang, ehe Diderot dahinterkam? Die Sache ist nicht so klar, wie es die Entrüstung über den schurkischen Verleger verlangt. Diderot war mißtrauisch und stolz. Er vermied es, sich von dem Druckerherrn nach den langen Debatten vor den Setzerkästen zum Abendessen einladen zu lassen, womit die bescheidenen Monatsbezüge wohl etwas aufgebessert werden sollten. Er plauderte lieber auf den Stufen zum Eingang ein wenig mit Madame Le Breton oder warf auch einen Blick auf ein hübsches Dienstmädchen. Madame bemerkte dazu mit der Überlegenheit der Pariserin: »Aber, Diderot, was sehen Sie an dieser Person? Kleine Augen, ein praller Busen – eine Provinzschönheit!« Es scheint, daß er doch ein wenig dem Geschmack seines Freundes Rousseau für die Urformen huldigte.

Seine Korrespondenz, vielleicht den wichtigsten Teil seiner Redaktionstätigkeit, betrieb er auch mit Grandezza. Viele Klagen darüber kamen von Voltaire, der freilich zwei sehr tüchtige Sekretäre und einen Stab von Kopisten besoldete, weshalb von ihm kaum ein Zettelchen der Nachwelt verlorenging, einschließlich der Liebesbriefe an seine Nichte. Rousseau, der Naturmensch, beschwerte sich über Diderot noch aufgeregter und sah darin den Beginn einer »Verschwörung«, die zum Bruch mit dem Freunde führte. Diese klägliche Affäre führt uns immerhin heraus aus der Dachstube mit der zwanzigjährigen Fronarbeit und zeigt uns Diderot auf dem Lande. Kein Mensch, es sei denn ein Jaucourt, kann es so lange Jahre beim Schroten von Zeilen aushalten.

Diderot war ein geselliges Wesen. Er nahm oft teil an den Diskussionen der Salons, meist hinreißend lebhaft, für ganz strenge Kritiker zu sehr in den Wolken schwebend. Bei der Gouvernante Geoffrin fühlte er sich nicht recht wohl; sie rief ihn zu häufig zur Ordnung. Sein Hauptumgang war das Haus des Barons Holbach. Das war ein gebürtiger Pfälzer, in Paris erzogen und reich verheiratet, mit zwei Schwestern, die sich nacheinander ablösten, und einer höchst amüsanten, derb-lustigen Schwiegermutter, die eher in das Zeitalter des Rabelais gehörte als in das sogenannte Rokoko, das man aber überhaupt nicht nur nach Kupferstichvignetten mit tändelndem Amor und Rocailledekorationen beurteilen soll. Der Baron hielt ein großes Haus in Paris, das als die »Synagoge« und Zitadelle der Atheisten bekannt war; er sammelte Bilder der niederländischen Meister. Seine reiche Bibliothek war Diderot willkommen, und aus ihr entnahm der Baron auch das Material für eine ganze weitere Bibliothek von Werken, die seine Hilfsarbeiter übersetzten, mit Gedanken Holbachs und seines Kreises anreicherten und zum Druck beförderten. Sie erschienen anonym oder unter Decknamen, etwa hundert Bände zusammengenommen, anfangs über sachliche Themen, wie Metallurgie, Glasherstellung, nach dem berühmten Kunckel, dann über eine »Universalmoral«, aus der Natur des Menschen entwickelt, auch ein »Sozialsystem«. Endlich, immer schärfer gegen die Kirche gerichtet, mit einem »enthüllten Christentum«, »Religiösen Grausamkeiten« oder Briefen über den Aberglauben, fortschreitend zu seinem Hauptwerk »Ueber die Natur des Menschen«. Es nimmt einen ehrenvollen Platz in der Geschichte des Materialismus ein, und aus geschichtlichen Übersichten stammt zumeist, was über Holbach gesagt wird. Wir lassen ihn dort stehen, ohne in die noch immer umgehenden Wendungen von der »flachen Aufklärung« zu flüchten, die auf Unkenntnis der ganz entsetzlich platten Gegner der Aufklärung beruhen. Wir merken nur noch an, daß der Baron, wie sein Millionärsgenosse Helvétius, völlig unbehelligt blieb, obwohl auch von seinen Büchern vieles verbrannt und verurteilt wurde. Seine Beiträge zur Enzyklopädie, von Beryll bis Zink, waren nützlich und sachlich; man kann die Vorlagen in seinen deutschen Büchern finden. Seine Diners, jeden Sonntag und Donnerstag, in seinem fünfstöckigen Palais, das noch steht, waren gediegen, im Essen wie der Unterhaltung, die von 2 Uhr bis zum Abend dauerte. »Man hörte da die freieste, lebendigste und instruktivste Konversation, die es je gegeben hat«, schrieb ein Teilnehmer, »es gab da kein Problem, das nicht vorgebracht und diskutiert wurde mit Pro und Kontra«, also etwa in der Art, die man jetzt dialektischen Materialismus nennen würde.

Holbach hatte außer diesem größeren Kreis noch sehr viel zwangloser die Intimen auf seinem Landgut Grandval als Gäste. Wir sind endlich fern vom Gedruckten. Diderot hat sein Zimmer und kann dort nach Herzenslust den ganzen Vormittag über nachdenken, träumen, auch etwas zu Papier bringen, wenn er will, ohne daß ein Setzerjunge vor der Tür auf die Bogen wartet. Holbach schaut zuweilen herein; wenn er sieht, daß der Freund beschäftigt ist, winkt er nur mit der Hand und zieht sich zurück. Der korpulente Baron mit dem etwas vulgären, fleischigen Gesicht, der langen Suchernase und dem Doppelkinn hat durchaus eine vornehme Note im Umgang mit seinen Freunden. Nach dem Mittagessen ruht man, und dann wird sehr lange spaziert, um die vorzüglichen Gerichte genügend zu verdauen. Am Abend gibt es ein weiteres großes Diner mit Fasanen, Mandel- und Rosinenspeisen und guten Weinen, auf die sich der geborene Pfälzer versteht. Den Schluß macht eine lange Konversation.

Da kommen nun die Freunde und Bekannten ins Spiel, und mit ihnen der unselige Rousseau. Grimm, der Herausgeber der »Correspondence«, ist der Freund oder Amant einer Madame d'Epinay, die sehr reich ist, wie Holbach, mit einem schönen Landschloß versehen. Dort hat sie, zu ihrem Unheil, Rousseau und seiner Therese sowie deren Mutter ein Asyl angeboten, eine »Hütte«, wie der Dichter es bezeichnet, ein hübsch möbliertes Landhaus mit Garten und einem Gärtner und angrenzendem

Park, der die unverfälschte Natur darstellen soll. Der Dichter will einsam sein. Er will auch, daß seine Einsamkeit gebührend beachtet wird, und verlangt, daß man sie in genau bezeichneten Abständen besichtigt. Diderot, der gute Freund, macht des öfteren den drei Stunden weiten Weg; das wird von Rousseau in seinen Akten genau notiert. Diderot und Grimm machen sich ihre Sorgen um die Menage Rousseaus, besonders die Mutter der Therese und deren ganze Sippe. Sie finden, daß diese ständig Geld von dem Eremiten erpressende Bande eine Belastung für das Genie sei und ihn hindere, seinen großen Roman fertigzustellen, an dem er gerade arbeitet. Von Zeit zu Zeit liest er den Freunden etwas daraus vor, scharf kontrollierend, ob man genügend zuhört. Diderot ist mit eignen Gedanken beschäftigt, der Ungetreue! Eine Verschwörung scheint sich anzubahnen, und dahinter steht ganz zweifellos die Atheistenclique Holbachs. Rousseau ist kein Mann der Cliquen, der kleinen Kreise und Zenakel. Er hat einen Kreis um sich, den einzelnen, gezogen. Er liebt nur die Menschheit, nicht die Menschen. Sein Mißtrauen wird gepäppelt durch verdächtige Nachrichten. Die zwischen Paris und der Hütte hin- und herhuschende schreckliche Alte, die Schwiegermutter zu der nie geheirateten Therese, kann das Maul nicht halten; er erfährt, daß Diderot und Grimm, die Intriganten, sie unterstützen, um sie von Rousseau fernzuhalten. Ein Komplott, unverkennbar!

Wir sind fern vom Gedruckten, aber nicht von den Schriftstellern. Auch das Gedruckte wird nachrücken, viele Jahre danach. Der Streit zwischen Rousseau und seinen Freunden hat eine ganze Bibliothek gefüllt und wird noch immer weitergeführt in Publikationen, die mit strenger Miene Zensuren verteilen, auf der Unterlage gefälschter Briefe und Erinnerungen oder gefälschter Gefühle in echten Briefen und mit Parteinahme für den einen oder anderen. Ein Genie, und Rousseau war eines, wird immer Verteidiger finden. In diesem Falle ist das eigentlich unnötig; Rousseau war sein eigner Advokat, seine »Bekenntnisse« sind ein einziges Plädoyer von größter forensischer Begabung. Sie überzeugen noch heute das gerührte Publikum: Er hat doch so sehr gelitten! Das wollen wir nicht bestreiten. Mitleid, aus unverfänglicher Distanz, ist dem Kranken sicher. Gott behüte uns aber, mit einem solchen Genie leben zu müssen, ja auch nur in seine leibliche Nähe zu kommen! Ein kluger Arzt in Genf hat das entscheidende Wort zu dem Süchtigen gesprochen: »Wie ist das nur möglich, Rousseau, daß Sie, der Freund der ganzen Menschheit, sich nicht mit Ihren Mitmenschen freundlich stellen können?« Der Fall Rousseau ereignet sich immer wieder.

Die Einzelheiten sind etwas langweilig, die Menschen aber interessant. Es ist ein ziemlich zahlreiches Personal, das in diesen Wirbel hineingezogen wird, denn Rousseau will nicht nur den großen Gefühlsroman seiner »neuen Heloise« schreiben, sondern auch noch einen veritablen Herzensroman selber erleben. Daß dies so schmählich mißglückt, ist ein Hauptgrund für seinen Abfall und seinen wütenden Kummer.

Eine commedia dell'arte wird gespielt: Die Hauptpersonen sind bekannt. Dazu Madame d'Epinay: klein, vierzig, ältelnd, kränklich von einer Ansteckung durch ihren vorhergehenden Liebhaber oder ihrem Mann her, von dem sie übrigens getrennt ist, nachdem er zwei Millionen durchgebracht und ihr nur mehr Einkünfte von etwa 30 000 im Jahr überlassen hat. Sie hat Geist und korrespondiert mit dem kleinen Abbé Galiani, dem weitaus schärfsten Kopf des ganzen Kreises, vielleicht der Zeit, auf ebenbürtigem Niveau. Aber nach Rousseau ist sie »flach«, denn sie hat keinen Busen.

Besser ausgestattet ist ihre Stiefschwester, eine Gräfin Houdetot, Ende Zwanzig, die wie die Epinay nicht mit ihrem Manne lebt, sondern einen ständigen, getreuen Galan hat, den Grafen Saint-Lambert, Offizier, zur Zeit im Kriege, Schöngeist, Mitarbeiter an der Enzyklopädie und vor der Verbindung mit der Houdetot schon berühmt als Liebhaber in weitesten Kreisen der Gesellschaft. Er ist bekannt geworden dadurch, daß er die langjährige Geliebte Voltaires, die Marquise du Châtelet, die hochgelehrte Mathematikerin und Übersetzerin des Newton, verführt hat oder von ihr verführt worden ist; die Sache endete sehr traurig damit, daß die schon über Vierzigjährige schwanger wurde und bei der Geburt des Kindes starb. Voltaire rettete sich mit dem vielzitierten Epigramm: »Nun, wir werden das Kind unter die ›vermischten Werke‹ der Marquise einreihen«, und widmete sich der Beziehung zu seiner Nichte. Die Houdetot wird das Objekt der Wünsche Rousseaus.

Als Chor hat man sich die Pariser Gesellschaft im Hintergrund zu denken. Denn all diese recht kompliziert erscheinenden Verhältnisse sind bekannt, sie werden beobachtet, diskutiert wie nur die Artikel der Enzyklopädie. Man nimmt eifrig teil an den Briefen, die umhergezeigt werden. Rousseau besonders, schon Gegenstand eines hochgezüchteten Geniekultes, ist das interessanteste Gesprächsthema. Klatschkolumnen in Zeitschriften gab es auch bereits.

Schauplatz: die »Einsiedelei« Rousseaus auf dem Gut der d'Epinay, die Bühne seiner Phantasie, mit doppeltem Boden und Versenkungen sowie Schnürboden. Die Handlung spielt ferner auf dem Schloß der d'Epinay, der Sommerwohnung der Houdetot, und in Paris. Als Requisiten werden Briefe gebraucht wie stets in der älteren Komödie. Es wird auch getanzt, das Menuett, der Contre-danse und zum Schluß eine Polonaise, die zum festlichen Schlußbankett führt.

Die Handlung ist verwickelt, die Akteure laufen über die Bühne hin und her, stecken den Kopf heraus, verschwinden oder sprechen beiseite zu sich selber, daß sie selber nach einiger Zeit nicht mehr recht wissen, wie es denn eigentlich gewesen.

Wir verzeichnen nur die Akte: Im ersten beginnt Rousseau zu rebellieren gegen das, was er die »Bevormundung« durch Diderot nennt, der ihm zuviel gute Ratschläge gibt und vielleicht wirklich etwas nonchalant sich in des Freundes konfuse Affären einmischt. Im zweiten Akt sehen wir den Eremiten bei der Arbeit, seine erotischen Träume aus dem Stadium der bloßen Selbstbefriedigung in Aktion überzuführen. Er hat sich die Houdetot als Liebesobjekt gewählt. Sie ist hübsch, kokett und geschmeichelt durch die Anbetung eines so berühmten, und so berühmt schwierigen Mannes, um den sich alle Marquisen reißen. Und ihr Liebhaber ist im Felde. Man trifft sich, spaziert zusammen; sie geht jedoch nie zu weit, trotz Umarmungen, Küssen, allerhand Zärtlichkeiten – die, wie wir vermuten, ohnehin alles waren, was Rousseau zu geben vermochte –, denn sie liebt ihren abwesenden

Lambert. Das steigert nun Rousseaus Selbstgefühl. Er versucht – denn er ist der Mann der Tugend und des Herzens – seiner Angebeteten klarzumachen, wie schändlich und sittenlos ihr Verhältnis zu einem Amant sei; statt dessen sollte sie sich doch ihm ergeben. Das lehnt sie ab. Sie verschafft ihm damit einen schönen Auftritt. In seinen Memoiren kann er ins Publikum rufen: »Ich schwöre, ich protestiere: Wenn ich auch zuweilen im Rausch meiner Sinne versuchte, sie zur Untreue zu verführen – niemals habe ich das doch wirklich gewünscht... Ich hätte das Verbrechen hundertfach begehen können, ich *habe* es hundertfach begangen, in meinem Herzen – aber meine Sophie entwürdigen, das göttliche Bild beschmutzen? Nein, nein!«

Die Liebesduette werden in aller Öffentlichkeit vorgeführt. Madame d'Epinay sieht aus dem Fenster ihres Schlosses, wie ihre Schwester und der Dichter promenieren und sich mit großen Gesten ihre verschiedenen Gefühle klarzumachen suchen. Sie wird etwas unruhig. Seinen Mann darf man betrügen, das ist nach geltender Anschauung selbstverständlich. Seinem Liebhaber hat man treu zu sein wie sie ihrem Grimm, den sie tatsächlich über zwanzig Jahre lang bis zum Tode beibehält; auch die Houdetot bleibt standhaft bei diesem Ehrenkodex. Was macht da der Dichter, ihr Protegé? Er soll doch an seinem Roman schreiben. Man erwartet ein Meisterwerk. Statt dessen bedrängt er die Schwester unziemlich. Die benimmt sich auch reichlich unvorsichtig. Sie kommt in der Einsiedelei im Reitkostüm angeritten, das ihr besonders gut steht. Auch die ständige Gefährtin Rousseaus und ihre listige Mutter sind alarmiert. Irgendwer muß an den Lambert bei der Armee schreiben. Der Brief, ein Hauptrequisit, fehlt leider. Sollte nicht Diderot dahinter stecken oder Grimm, der Freund der d'Epinay, meint Rousseau. Oder die d'Epinay selber, die ihn unablässig behelligt mit Fürsorge für seinen Eremitenaufenthalt? Sie erwartet dafür Dankbarkeit und trifft damit auf des Dichters empfindlichsten Nervenpunkt. Denn das bedeutet Abhängigkeit. Von einer »zweijährigen Sklaverei« in der für ihn so sorglich eingerichteten Hütte spricht er beiläufig für das Publikum.

Der dritte Akt, etwas dramatischer nach den vielen lyrischen

Einlagen: Saint-Lambert kommt aus dem Krieg zurück. Rousseau spielt ihm nun den Unschuldigen vor und möchte, wie schon in seinen Jugendjahren, bei seiner »Maman« ein Terzett arrangieren, bei dem er die begleitende Stimme singt, mit großmütigem »ich verzichte, liebt euch nur«. Es mißlingt, wie damals. Denn er zieht ganz überflüssig Diderot aus den Kulissen herein und stammelt ein langes, wirres Rezitativ über Verschwörung, Kabalen, Intrigen, das niemand so recht anhört. Lambert wird ärgerlich: Was wollen Sie denn da mit Diderot? Der hat nichts mit der Sache zu tun. Oder Grimm? Ja der, gerade der, fährt Rousseau heraus, der schlimmste und kälteste Egoist, er hat Diderot verführt, er hat Madame d'Epinay verführt und sie sogar schwanger gemacht! Sie soll zur Wegnahme des Kindes nach Genf reisen, und mich, den »Bürger von Genf«, den bekannten citoyen, will man zum Schutz vorschieben. Ich soll das Pärchen noch dorthin begleiten und meinen Ruf als Republikaner und Mann der Sittenstrenge aufs Spiel setzen!

Lambert hört sich gelangweilt diesen Unsinn an. Er sitzt im Stuhl, während Rousseau ihm ein langes Schreiben an Voltaire vorliest, der auch hineingezogen werden soll in dieses ganze Qui-pro-quo. Was muß aber Rousseau bemerken? Der Graf hört nicht zu. Er schlummert sogar. Toller noch, er schnarcht, daß es die Zuschauer hören müssen. Schluß nun mit der ganzen hochadligen, verderbten Gesellschaft, die weggefegt werden müßte! Schluß auch mit der unbefleckten Göttin Houdetot. Es setzt Tränen. Er schaut nun genauer hin und bemerkt, daß die Zähren über einen nicht sehr schönen Teint laufen, mit Pockennarben. Sie hat runde Augen, und arglos schaut sie ihn damit an: Sie möchte ihre Briefe aus der halbjährigen großen Liebeszeit zurückhaben. Vertrauensvoll händigt er sie aus: Hier sind sie. Und nun die meinen, die des Jean Jacques Rousseau, im Austausch zurück! – Sie sind verbrannt; sie wären doch viel zu kompromittierend gewesen in ihrer zügellosen Leidenschaft! – Das Wort Leidenschaft hört Rousseau gern. Aber verbrannt, die besten Liebesbriefe des Jahrhunderts, geschrieben vom größten lebenden Genie? Nein, und abermals nein: Das glauben wir denn doch nicht. Sie müssen beiseite gebracht sein! Die Rousseauisten hoffen noch heute, daß sie vielleicht ans Licht kommen, eines Tages.

Im vierten Akt sehen wir den Einsiedler eifrig schreiben, Billets an seine Gastgeberin d'Epinay, die er so beschimpft wegen ihres lasterhaften Lebenswandels, daß sie mit Bedauern den Verkehr abbricht. Sein Stolz kann es nicht zulassen, daß er weiterhin in der Sklaverei mit Gärtner und freundlichen Zusendungen aus dem Schlosse aushält. Er packt seinen Roman ein, der zum Glück halb fertiggestellt ist, auf feinstem Papier und mit Goldstaub als Streusand für die Tinte gelöscht. Er schreibt weiter, an seinem Sendschreiben über d'Alemberts Artikel »Genf« und das sittenverderbende Theater. Und er fügt, für alle zu sehen und zu wissen, eine Passage über den Verräter Diderot ein. Die Geschichte mit der Houdetot ist in ganz Paris bekanntgeworden. Nur Diderot kann daran schuld sein. Daß dieser gerade in nervenzermürbenden Schwierigkeiten wegen der Katastrophe seiner Enzyklopädie steckt, die soeben gebannt und verboten ist, kümmert ihn nicht einen Augenblick. Vielmehr hält er den Zeitpunkt gerade für gekommen, sich von dem ganzen Kreise loszulösen. Und so singt er ein lyrisches Solo: »Ich hatte einen Freund – ach, ich habe ihn verloren und will nichts mehr von ihm wissen! Mein Leben lang werde ich darüber trauern.« Dazu wird noch, etwas heftiger, die Bibel zitiert, aus Jesus Sirach. Da heißt es: Schlimmer als wenn man seinen Freund mit dem Schwerte bedroht, ist es, wenn man ihn verleumdet; alles läßt sich beilegen, »aber nicht Schmach, Verachtung, Aufdecken der Heimlichkeit und böse Tücke«. Er nennt nicht Diderots Namen, nach dem Brauch der Zeit; jeder in Paris, auf den es ankam, weiß, wer gemeint ist. Der nie so recht vorhandene Bund ist gesprengt. Der Chor tritt vor und bringt ein fugiertes Stück zu Gehör, in dem man mit einiger Mühe die vielverschlungenen Themen unterscheiden kann: Hohngelächter, Schadenfreude, auch etwas unbestimmte Sympathie für Diderot und seine Freunde.

Im fünften und letzten Akt kommt das Nachspiel. Die Houdetot und ihr Amant Saint-Lambert, etwas beunruhigt durch das viele Gerede in der Pariser Gesellschaft, das ihre so vorbildlich treue Verbindung spöttisch kommentiert, und Madame d'Epinay, die befürchtet, man könne ihr den Bruch mit ihrem bisherigen Schützling Rousseau übel auslegen, tun sich zusammen. Sie laden zu einem großen Galadiner ein mit illustrer Gesellschaft. Wird Rousseau dazu kommen? Er erscheint, düsteren Blickes, aber er kommt. Eine Polonaise beendet das Spektakel: Die Ex-Göttin Houdetot am Arm ihres Galans Saint-Lambert, auch ihr Gatte Graf Houdetot, von dem wir bisher nichts gehört haben, ist zur Stelle, auch seine Schwester, die etwas verdrossen bei den Besuchen Rousseaus im Sommerhaus seiner Angebeteten Wache stehen und das Maultier halten mußte. Madame d'Epinay schreitet an der Seite nicht ihres jetzigen Amants Grimm, sondern eines früheren, des Herrn de Francueil, dessen Verwandte aus der Hochfinanz, die Dupins, ebenfalls im Reigen sind. Man nimmt Platz, in welcher Reihenfolge ist unwichtig. Man plaudert, »nur französische Herzen kennen diese Art von feinstem Zartgefühl«, schreibt Rousseau. Man wird in ganz Paris von diesem Diner sprechen. Es ist eine völlige Widerlegung der schmählichen Gerüchte, Rousseau habe mit seinen besten Freunden gebrochen. Diderot freilich ist nicht dabei. Wir glauben auch nicht, daß er angetreten wäre.

Wir lassen den Vorhang fallen und können nicht recht applaudieren. Viel mußte auch gestrichen werden in der Partitur. Rousseaus Part wechselt zwischen herzbewegenden lyrischen und ermüdenden juristischen Stellen. Er hat vermerkt, daß Diderot in einem seiner soeben aufgeführten Stücke die Zeile gebracht habe: »Nur der schlechte Mensch lebt allein.« Das konnte lediglich auf ihn gemünzt sein und sollte ihn bloßstellen. Es ist nicht einmal ausgeschlossen, daß Diderot dabei sein Freund vorschwebte, der ständig zwischen Gesellschaft und Einsiedelei, zwischen großen Diners und seiner Hütte, zwischen Protektion durch Marquisen und stolzer Unabhängigkeit hin- und hergezogen wurde. Aber es handelte sich um ein Drama. Die Personen sprechen im Dialog, entsprechend ihren Rollen. Der Held des Stückes »Der uneheliche Sohn«, mit dem Diderot das »bürgerliche Rührstück« einführen und an die Stelle der klassischen Tragödie setzen wollte, Dorval, ist in der Tat eine Art Rousseau-Mensch. Dorval findet sich nicht heraus aus den Wirrnissen seiner Liebschaften und edlen Absichten, die so verwickelt sind wie das eben erzählte Spiel. So wird er melancholisch und will in die Einsamkeit flüchten: »Es handelt sich nicht um Glück! Ich hasse den Umgang mit den Menschen. Ich fühle, daß ich nur fern von ihnen, selbst von denen, die mir teuer sind, Ruhe finden kann.« Das war allerdings die Rolle Rousseaus. Die Gegenspielerin Konstanze appelliert an das Gefühl: »Was, Sie wollen der Gesellschaft entsagen? Ihr Herz wird Ihnen aber sagen: Der gute Mensch lebt in Gesellschaft und nur der schlechte allein.« Wenn wir Gesellschaft nicht nur als »Pariser Gesellschaft« verstehen, müßte das einem Rousseau höchst sympathisch sein. Und die folgenden Worte treffen noch genauer auf ihn zu: »Das Unheil verfolgt mich, und es erfaßt alles, was mir nahekommt...« So sagt der Held des Stückes, und sagen wir über Rousseau. Wir überlassen ihn seiner Flucht, die sogleich zu einem neuen Asyl beim Finanzverwalter des Prinzen Condé führt, mitsamt seiner Therese, aber ohne die intrigante und räuberische Schwiegermutter. Die wird nun nach Paris verbannt, was die Verräter Diderot und Grimm schon vorher arrangieren wollten. Sie dachten an seine Seelenruhe und verkannten, daß er nur »im Fieber«, wie d'Alembert richtig sah, schaffen konnte, »ein Kranker mit viel Geist«.

Genug von Intrigen und halbwahnsinnigen Autoren. Wir begleiten Diderot nochmals auf den Sommeraufenthalt in Grandval bei den Holbachs. Er braucht dringend eine Ausspannung von der Mühle der Enzyklopädie. Er hat auch etwas Abwechslung nötig von dem Leben mit der standhaft beibehaltenen Ehegattin, von der wir sonst wenig hören, außer daß sie immer mißmutiger wird, immer frömmer und härter, dazu häufig kränkelnd; aufbewahrt ist in den Polizei-Nachrichten nur die Szene, als sie ein Dienstmädchen mit dem Kopf gegen die Wand stößt, was sie wohl insgeheim zuweilen mit ihrem Denis ganz gerne getan hätte. So kommt es zu einer kurzen Begegnung und einem langen Briefwechsel Diderots mit seiner geliebten Sophie Volland. Es ist vornehmlich eine Briefliebe. Das auch im Falle Goethes und der Frau von Stein so beliebte Rätselraten um das »ob oder nicht« ist uns recht gleichgültig. Wie die Weimarer

Hofdame ist Sophie aus gutem Hause, wie jene eine Vierzigerin, es ist das Zeitalter der großen Beziehungen zu Frauen von gereiftem Alter, nicht nur in diesen beiden berühmten Lieben. Sophie scheint keineswegs eine Schönheit gewesen zu sein, eher eine zarte, nicht sehr gesunde feingeistige Person, für die dieser Briefwechsel mit Diderot den Lebensinhalt bildete. Mehr wissen wir überhaupt nicht; kein Zettel von ihr ist erhalten. Wir kennen nur ihre Familie, bei der sie als unverheiratete Tochter einer wohlhabenden Mutter lebte, ihre Schwestern, die sehr lebhaft in die Korrespondenz eingeschlossen werden; Diderot hat da, im Brief, eine ganze zweite Familie und kümmert sich eingehend aus der Distanz um ihr Wohlergehen.

In der Hauptsache aber dient ihm diese Korrespondenz dazu, sich auf das reizendste und ungebundenste in Gedanken, Entwürfen, kleinen Dialogskizzen und Charakterbildern zu ergehen. Er promeniert mit Sophie am Arm und zeigt ihr die Schönheiten und Wunderlichkeiten der Menschennatur auf, sowie die Züge seines eignen wechselnden Wesens. Wir haben schon oft genug gesagt, daß er ein Verschwender war mit seinen Gaben. Nirgends tritt das so hervor wie in diesen Briefen an Sophie, und es ist gut zu begreifen, wie das einsame Mädchen sich erwärmt, befriedigt, erhoben gefühlt haben muß durch dieses sonst nicht gerade sehr befriedigende Verhältnis, bei dem nie von einer ernstlicheren Bindung die Rede war. An Liebesbeteuerungen, zärtlichen, auch feurigen Wendungen fehlt es nicht. Von engerem Zusammensein, ja nur von längerem Besuch bei der zweiten Familie hören wir kaum je etwas.

Wohl aber von den Sommeraufenthalten bei den gastlichen Holbachs. Sie bilden so etwas wie eine dritte Familie. Diderot ist dort wahrhaft zu Hause. Der Atheist und Materialist Holbach führt eine vorbildliche Ehe mit seiner Frau, die der Philosoph höchlichst lobt, obwohl oder weil sie wenig sagt. Sie hat genaue Menschenkenntnis und sicherstes Urteil; sie mißt mit einem fein eingeteilten Maßstab und irrt sich ganz selten. Den Vertretern der Orthodoxie ist es ein gewisses Ärgernis, nicht nur im Falle Holbachs, daß die Männer, die alle Tradition unterwühlen und jedes Dogma verachten, so wenig Anlaß geben, ihren Lebenswandel zu kritisieren. Während die Kreise, auf die man sich verlassen müßte, sich doch offenkundig in Sünden wälzen; allenfalls huldigen sie, wie der König, der These, daß »doch wenigstens dem Volk die Religion erhalten bleiben muß«. Sündig geht es bei Holbachs nicht zu, wohl aber recht ungezwungen. Dafür sorgt schon die Schwiegermutter des Barons, die rüstige Madame d'Aine. Sie redet, wie ihr der Schnabel gewachsen ist. Sie nimmt Worte in den Mund, die nicht fein sind; sie tut Dinge, die noch weniger in der guten Gesellschaft tonangebend sein können. »Sie besitzt eine barocke und offenherzige Fröhlichkeit, die uns von Morgen bis Abend unterhält«, schreibt Diderot an seine zweite Familie. »Wenn wir philosophieren, dann wirft sie uns ein paar ungereimte Worte entgegen, die uns aufheitern.« Philosophie kann nicht immer heiter sein; der Baron ist zuweilen mißgestimmt und hat »schwarze Wallungen«, die berüchtigten »vapeurs«, unter denen auch die Damenwelt so oft leidet. Das Studium der Schwarzen, der Grausamkeiten der Kirchenmänner und ihre Verfolgungen aller Häretiker, muß düster machen. Aber selbst er lacht bis zu Tränen in seinem Lehnsessel, wenn Madame d'Aine ihre Derbheiten zum besten gibt.

Man spricht über Diderots Enzyklopädie. »Nun, Philosoph«, meint Madame, »wo stehen Sie gerade bei Ihrer Arbeit?« – »Bei den Arabern und Sarazenen.« – »Bei Mohammed also, dem besten Freund der Frauen?« – »Ja, und dem größten Feind der Vernunft.« – »Da haben wir eine impertinente Bemerkung!« – »Keine Bemerkung, Madame: Es ist eine Tatsache!« – »Eine neue Grobheit! Sie versteigen sich bis zum Ton der Galanterie, Diderot.« – »Madame, diese Völker kannten nicht die Buchstaben, sie lernten schreiben erst kurz vor der Hidschra.« – »Die Hidschra, was für ein Tier ist das?« – »Madame, das ist die große Epoche der Mohammedaner.« Er belehrt sie weiter: Vor dieser Zeitrechnung, die mit der Flucht Mohammeds beginnt, hatten sie primitive Abgötterei, Astrologen, Poeten, Medizinmänner, Gesetzgeber und Priester, wie man sie in einer Person nur bei den barbarischen und wilden Völkern vereinigt findet. – Richtig, meint Madame. Sie schweift zwischendurch ab, nach Paris, und spricht über Bekannte dort. Diderot erhält einen Einblick in die Aufnahmefähigkeit seines Publikums und sieht, wie etwa seine Enzyklopädie gelesen wird. Er kommt aber hartnäckig auf seinen Artikel zurück: Der Prophet konnte weder lesen noch schreiben; daher der Haß der frühen Moslems gegen alle Arten von Kenntnissen, der noch andauert. »Man kann ganz allgemein beobachten, daß die Religion abnimmt, wenn die Philosophie zunimmt.« Man muß daraus seine Schlüsse ziehen. Er spricht noch weiter, Madame beginnt sich zu langweilen. Diderot beginnt zu predigen, Zukunftsphantasien über eine künftige Weltregierung zu entwerfen. Madame unterbricht ihn immerzu, teils aus Übermut, teils mit handfesten Einwänden. Dann sagt sie energisch, als die Sache zu lang wird: Gehen wir zum Souper! Diderot muß seiner Sophie im Brief noch zärtlich zuflüstern: Ach, daß Sie und Ihre Schwester doch dabeigewesen wären!

Ungeniert erzählt er ihr auch das Nachspiel. Ein kleiner Abbé kommt nach Tisch, wohlbekannt als Spaßmacher und keineswegs ein Spielverderber. Er setzt sich neben eine der anderen Damen und macht ihr den Hof. Madame d'Aine jedoch, nun ganz ausgelassen, angelockt durch das umfangreiche Hinterteil des Abbé, der nur gesellschaftlich ein »kleiner Abbé« ist, rückt ihren Stuhl an ihn heran und sagt: »Abbé, halte Dich gut!« Sie kitzelt ihn, stößt ihn in die Rippen, er wiehert, schlägt aus, ihre Röcke verwickeln sich mit seinem Habit, sie lachen, die Zuschauer bersten fast, der Abbé schreit: Erbarmen, ich kann nicht mehr! Es endet damit, daß die Stühle kippen, sie wälzen sich am Boden, es gibt noch eine kleine Katastrophe. Die Madame ruft nach ihrer Kammerfrau. »Anselma, Anselma: hilf mir von diesem Priester herunter!« Das Mädchen stützt sie auf. Mit großen runden Augen starrt sie auf eine feuchte Lache am Boden. »Aber, Madame...« stammelt sie. – »Was aber! Ja: das bin ich, da ist der Abbé, das sind zwei, und die Sache hat mich recht erleichtert. Rasch: ein paar Handtücher! Strümpfe, einen neuen Unterrock! Unser kleiner Abbé bekommt morgen einen neuen Habit.«

»Nun, wie finden Sie das«, fragt Diderot seine zweite Familie, »meine Städterinnen? Wir, als grobsinnliche Landbewohner müssen uns vor allem von Tag zu Tag amüsieren.«

Die grobsinnliche Madame führt auch ernstere Gespräche. Bei einer der Konversationen diskutiert man über die Unsterblichkeit, und sie hat, wie ihr Schwiegersohn, erklärt, sie glaube nicht recht daran. Man begrüßt sie damit als Mitglied des Kreises der »esprits forts«, der starken Geister. Noch lange wird darüber geredet; der Baron ist schon zu Bett gegangen, Diderot, der unermüdliche Dialogist, und Madame d'Aine stehen auf dem Korridor zu ihren Zimmern, die Kerzenhalter in der Hand. Der Philosoph will wissen, warum Madame die kirchlichen Gebräuche noch so sorgfältig beachtet.

»Warum beten Sie denn zu Gott?« – »Du meine Güte, das weiß ich nicht.« – »Und weshalb gehen Sie zur Messe?« – »Einen Tag glaube ich daran, den andern nicht.« »Und an dem Tage, wo Sie daran glauben?« – »Da bin ich schlechter Laune.« – »Beichten Sie?« – »Was soll man machen!« – Diderot: »Man soll doch seine Sünden bekennen!« – »Ich begehe keine. Und wenn ich welche beginge und dem Priester gebeichtet hätte: Würde das sie ungeschehen machen?« – »Sie glauben also nicht an die Hölle?« – »Ebensowenig, wie ich auf das Paradies hoffe.« – »Und woher haben Sie all diese Ansichten?« – »Aus den schönen Konversationen meines Schwiegersohns. Man müßte wahrhaftig einen guten Vorrat an Religion haben, wenn man danach noch einige Krümel übrig behielte. Ja, Sie, mein Schwiegersohn: Sie haben mir meinen ganzen Katechismus zerredet! Dafür werden Sie sich vor Gott zu verantworten haben!«

»Sie glauben also doch an Gott?« – »Gott? Es ist so lange her, seit ich an ihn gedacht habe... Ich weiß nur: Falls ich verdammt werde, dann bin ich da nicht allein. Und zur Beichte oder Messe gehen, das ändert nichts. Es lohnt sich nicht, sich zu martern. Hätte ich das gewußt, als ich noch jung war, ich hätte wohl viele der kleinen süßen Dinge getan, die ich nicht getan habe. Heute weiß ich nicht, weshalb ich gläubig bin.«

Diderot sondiert weiter: »Sie haben also doch Augenblicke, wo Sie glauben?« – Madame: »Und wieso nicht? Sicher habe ich sie. Ich denke, daß wir Frauen sie bis zum Grabe haben. Es ist unser letztes Lebenszeichen: Wenn das in uns stirbt, ist das übrige schon tot. Sie, Diderot, lachen über alles, aber glauben

Sie mir: Die Frauen, die etwas anderes behaupten, sind Lügnerinnen. Da haben Sie unser Geheimnis!«

»Wir werden keinen Mißbrauch damit treiben...«

Madame verabschiedet sich, sie muß nun ihr Abendgebet sprechen. Diderot, noch einmal: »Aber Sie sagten doch eben, daß Sie nicht zu Gott beten!« – Madame: »Es gehört sich aber, daß meine Kammerfrau sieht, wie ich niederknie.« – »Und woran denken Sie dabei?« – »Ich denke daran, was wir morgen zu Tisch haben werden. Und meine Kammerfrau entfernt sich, höchlichst erbaut. Sie ist fromm. Besser ist sie deshalb nicht.«

Diderot hat dieses Gespräch natürlich kunstvoll komponiert, aber es ist darum nicht weniger plausibel. Dem Sinne nach hätte es auch in früheren Jahrhunderten stattfinden können, die einen besseren Ruf in der Kirchengeschichte genießen. Das Neue daran ist, daß man zu seiner Zeit schon so offen diskutieren und solche Gedanken zu Papier bringen konnte.

Vom Problem der Unsterblichkeit der Seele kommt man auf den Ruhm und die literarische Unsterblichkeit. Diderot ist da sehr für ewiges Fortleben, wie all seine Zeitgenossen. Er hat sich sogar entschlossen, nur noch für die Zukunft zu schreiben, die fernsten Generationen, die ihn anerkennen werden. Er macht sich lustig über die Eitelkeit und Ruhmsucht um ihn her. Voltaire hat ihn, vergeblich, zum Mitglied der Akademie vorgeschlagen, und nur ein Franzose kann wohl ganz ermessen, was das bedeutet, unter die »Unsterblichen« versetzt zu werden. Er nimmt die Ablehnung nicht so schwer wie viele nicht weniger Große nach ihm.

Er erzählt, in einer seiner kleinen improvisierten Theaterszenen, seiner Sophie die Geschichte eines Kardinals zu Rom, der sich täglich von seinem Leibspion reportieren läßt, was die Leute in der Stadt über ihn sagen.

Der Kardinal: Also, was reden sie da über mich?

Der Spion: Eminenz, man sagt... man sagt...

Der Kardinal, über ein Schriftstück gebeugt: Vorwärts, gefälligst: Man sagt...

Der Spion: Man sagt, Sie hätten einen charmanten Pagen, der krank ist, und Sie seien schuld daran.

Der Kardinal weiterschreibend: Das stimmt nicht. Ich vielmehr bin krank, und er hat mich angesteckt.

Der Spion: Man fügt noch hinzu, daß Kardinal X Ihnen diesen Pagen abspenstig machen wollte, und daß Sie ihn deshalb hätten ermorden lassen.

Der Kardinal, immer noch schreibend: Es stimmt, daß ich ihn umbringen ließ, aber doch nicht wegen dieser Sache.

Der Spion: Die Leute reden auch über Ihr neues Buch und behaupten, es sei schlecht geschrieben und von jemand anderem verfaßt.

Der Kardinal wirft die Feder hin und springt wütend auf: Ah, du Lümmel, die Namen dieser Leute will ich wissen!

Ein erfundenes Geschichtlein; die Sache mit der Spionage zu Rom hat jedoch ihre Wirklichkeit. Dem Weimarer Minister und Dichter Goethe wurde, als er zur gleichen Zeit inkognito in Rom weilte, der Brief seiner Mutter vom Schreibtisch gestohlen, durch den Beauftragten eines anderen Kardinals. Es stand allerdings nichts darin als mütterlicher Jubel über die Reise des Sohnes.

Ein anderes Beispiel für die Eitelkeit der Autoren wird Diderot durch Frédéric le Grand vorgeführt, den er im Artikel seiner Enzyklopädie »Preußen« begeistert gepriesen hat, mit Worten, die seinen Gegnern Anlaß geben von Landesverrat zu sprechen; man befindet sich schließlich im Krieg mit dem Preußen. Diderot lobt sogar die französischen Gedichte des Königs; er kann sich nur nicht enthalten zu sagen, sie wären noch besser, wenn der Verfasser sich in Paris etwas perfektioniert hätte. Ein paar Körner märkischen Sandes seien doch wohl in den Gedichten zu finden. Der Philosoph auf dem Thron nahm das sehr übel auf. Die Sandkörner knirschten zwischen seinen Zähnen. Er wollte hinfort von Diderot nichts wissen, der ihm von allen Seiten empfohlen wurde.

Diderot schreibt für die Nachwelt, die Ewigkeit, und für seine Sophie. Sollte mit dem Tode alles zu Ende sein, selbst mit einer so schönen Beziehung? Das will der Ungläubige denn doch nicht wahrhaben. Sie diskutieren wieder im Holbachkreis zu Grandval über Fragen der Existenz, der Materie. Was ist das überhaupt:

leben? Diderot fragt: Kann man sich überhaupt vorstellen, daß ein Wesen jemals vom Stadium des Nicht-Lebens in das des Lebens übergeht? Er entwickelt seine eignen Anschauungen: »Was lebt, hat immer gelebt und wird immer leben.« Er sieht eine ganze Skala dafür. Auch die sogenannte Materie ist doch nicht tot, aus toten Partikeln könnte sich schwerlich ein lebender Körper zusammensetzen. Er entwickelt eine Art Pantheismus oder Pan-Animismus, wie man es nennen will, und bezeichnet das selber als sein Paradox. Nach der Konversation denkt er weiter, im Brief an seine Sophie:

»Man bot mir schöne Birnen an, die lebten, Trauben, die dachten, und ich sagte mir: Menschen, die sich geliebt haben im Leben und sich Seite an Seite haben begraben lassen, sind vielleicht nicht so töricht, wie man meint. Vielleicht berührt sich ihre Asche, vermischt und vereinigt sich! Wissen wir es? Vielleicht haben sie nicht alles Gefühl und jede Erinnerung an den früheren Zustand verloren. Es könnte sein, daß ihnen etwas Wärme und Leben verblieben ist, und daß sie die am Boden der kalten Urne auf ihre Weise genießen. Wir urteilen über das Leben der Elemente nach dem Leben der rohen Massen. Vielleicht steht es mit den Dingen ganz anders...« Er zweifelt, grübelt. Nichts unbesehen zu glauben ist immer seine Maxime. Er schließt mit einer lyrischen Hymne an seine Sophie: Es bliebe ihm also die Hoffnung, doch mit ihr vereinigt zu bleiben für immer – falls, ja falls es ein Gesetz der Affinität gäbe, das ihnen bestimmte, ein einziges Wesen zu bilden. »Die aufgelösten Moleküle Ihres Geliebten würden sich regen und rühren, um die Ihrigen, in der Natur zerstreuten, aufzusuchen. Lassen Sie mir dieses liebliche Trugbild! Es verbürgt mir die Ewigkeit mit Ihnen...«

»Ein einzigartiges Individuum«

So wird Diderot von Goethe genannt, der in ihm einen Geistesgenossen sah und sich an dem »Inkommensurablen« in den Werken des Franzosen erfreute. Die Maskerade gefiel ihm, das Spiel, sich im Dialog in einen andern zu verwandeln, der sagen kann, was für den Autor allzu verfänglich wäre. Die »zwei Seelen in einer Brust« zogen ihn an, aber vielmehr mit Witz und Schärfe kontrastiert. Und in nochmaliger Metamorphose konnte er in den Gestalten Diderots mit eignen Gedanken spielen, die er kaum seinem Mephisto in den Mund gelegt hätte.

Die Werke, die Diderot in seiner Einsiedelei in der rue Taranne und in Gesellschaft auf dem Lande schrieb, sind Dialoge, schon in der äußeren Form. Er spricht mit sich selbst oder der Nachwelt. Aus Konversationen sind sie entstanden, aus Nachrichten, durch Freunde zugetragen, einiges aus Berichten in Büchern. Dazu kamen Menschen auf der Straße und im Kaffeehaus. Ein wunderlicher Kauz schlich da umher, ein Neffe des berühmten Rameau, den die Enzyklopädisten so scharf angegriffen hatten zugunsten der italienischen Musik und der sich durch unerbittliche Kritik an den Artikeln Rousseaus für das Werk zu rächen wußte. Der Neffe war nur ein »Auch-Musiker«, verlottert, begabt, ohne je etwas rechtes vorzeigen zu können. Er war Soldat, Mönch, Musiklehrer gewesen, hatte geheiratet, Frau und Kind verloren, und bettelte mit einem kleinen selbstverfaßten autobiographischen Epos in den Lokalen um eine milde Gabe. Für sein Hungerleben rächte er sich durch bissige Bemerkungen über die Kaffeehausgäste wie die ganze Gesellschaft: Gut essen sei das Grundprinzip der bestehenden Ordnung, gut essen und gut verdauen; alles andere sei Maskerade mit Geschwätz von Tugend und hohen Zielen. Er spielte den Narren und schlug in seinem Büchlein auch vor, das alte Amt des Hofnarren wieder einzuführen. Er bezeichnete sich als komische Figur, eine »espèce«, ein Original.

Diderot nimmt ihn in seinem Dialog aus dem Kaffeehaus heraus und steigert ihn, erniedrigt ihn, behängt ihn mit phantastischen Begabungen und legt ihm viele seiner eignen Gedanken in den unablässig lästernden Mund. Er macht aus ihm die uralte Komödiengestalt des Parasiten. Der Neffe fürchtet sich vor keiner Erbärmlichkeit. Er schmeichelt den Reichen, läßt sich mißbrauchen, lügt, hilft beim Verführen junger Mädchen, applaudiert im Konzert für den Geldgeber und ist überhaupt zu allem bereit. Nur nicht dazu, seine Unabhängigkeit als Sklave aufzugeben. Er ist nicht an einen Herrn gebunden: Wirft man ihn schmählich hinaus, geht er zum nächsten. So lernt er die ganze Gesellschaft kennen, die Aristokraten, Finanziers, die Weiber mit ihren Liebhabern, die Männer mit ihren Mätressen, die verwöhnten, dummen Kinder. Und jetzt kann er ihnen mit Kenntnis die Wahrheit sagen. Diderot kann ihnen die Wahrheit sagen und dabei noch erstaunt tun, wie kühn dieser Schuft zu denken vermag.

Der Kunstgriff, vielfach angewandt und beim Drama selbstverständlich, ist mit großem Geschick abgewandelt. Man muß etwas auf der Hut sein – ein weiteres Vergnügen. Wann spricht Diderot als Diderot? Wenn er sich die erhabenen und wünschenswerten Tugenden vorbehält und mit den brutalen Lehren des Neffen kontrastiert? Sollen wir den Schwätzer wirklich für ein verkanntes Genie halten? Ist er gut oder böse? Diderot hat solche simple Aufteilung der Menschennatur stets abgelehnt. Man ist beides, zusammengesetzt, und notwendig so. Die Aufgabe besteht darin, »Sauerteig zu sein«, der die träge Masse der Gesellschaft hebt. Diderot kennt aber auch den Zweifel, die Selbstpersiflage. Alles Unheil, so wird angedeutet, kommt von den genialen Menschen. Diderot hat keine Hemmungen, den Künstler als Clown und Spaßmacher hinzustellen. Thomas Mann, persönlich auf seine bürgerliche Reputation als Sohn eines Senators peinlichst bedacht, hat zeitlebens das Verdächtige des Schriftstellerberufes auf das reizvollste betont und gestaltet; erst am Ende seines Lebens, seiner Weltstellung ganz sicher, hat er gewagt, sich an den Abenteuern seines Hochstaplers Krull, als eines Künstlers seines Berufes, ganz unbefangen zu delektieren. Wie weit ist auch der Künstler immer ein wenig Hochstapler? Diderot ist ein honetter Mensch, anständig, hilfsbereit zu Freunden wie Fremden: Der Neffe fasziniert ihn durch seine bewundernswerte Unredlichkeit, seinen hemmungslosen Egoismus. Er präsentiert ihn als ein Genie. Können solche Züge auch dem Genie eigen sein? Oder gilt nur das Werk, ist es gleichgültig, wie der Mensch war, der es schuf? Der Dialog wirft viele Fragen auf, ohne sie zu beantworten.

Diderot benutzt die Figur auch, um nach Herzenslust in unaufführbaren Phantasien zu improvisieren. Eine neue Musik müßte geschaffen werden, die mit starken Leidenschaften, nicht kleinen Liebeleien und Ritornellen, operiert und bis zum tierischen Schrei geht. Er erfindet neue Ballettformen, Pantomimen nie gesehener Art, und läßt sie vom Neffen vorspielen. Sein Bekannter, der kleine neapolitanische Abbé Galiani, schwebt ihm dabei vor. Der ergötzte den Holbachkreis durch seine Bajazzokünste: Wenn er eine Fabel vortrug vom Esel und der Nachtigall, so zeigte er die Langohren mit den Händen über dem Kopfe an, trottete eselhaft schwerfällig auf seinen Stuhl zu. Diderot hat oft daran gedacht, aus ihm eine Komödiengestalt zu machen, mit Scherz und Ironie tieferer Bedeutung: der im Grunde ehrliche Mensch, der wie ein Schurke redet, den anderen Schurken zum Spiegelbild, die alle Plätze bevölkern und sich für gute Menschen ausgeben. Der Neffe führt diese Anregung aus. Von Galiani und Rabelais, so meint Diderot beiseite und in Vorahnung literarhistorischer Einflußforscher, habe er wie aus einem Kramladen seine Masken bezogen: ein Prälat als Pantalon, ein Gerichtspräsident als Satyr und so fort.

Zum Schluß verwischt er die Spur sorgfältig, die zu deutlich zu dem Neffen als geheimem Sprachrohr Diderots führen könnte. Er läßt ihn zum Kuppler werden, der die eigene Frau an die Männer bringt, mit einem »wer zuletzt lacht, lacht am besten«.

Auf die Fragen, die das Stück aufgibt, sind die verschiedensten Antworten versucht worden. Sozialkritik, Anprangerung der korrupten Gesellschaft ist sicherlich zu verzeichnen, es springt in die Augen, daß sie tränen. Man hat auch gemeint, Diderot, als Mann des Widerspruchs, habe die krasse materialistische Lebensphilosophie des Neffen insgeheim auf Helvétius – den er nicht mochte und gegen den er sich ausführlich ausließ – und dessen Richtung gemünzt; das erscheint schulmeisterlich. Ein Pariser Schreiberling hat Diderot hundert Jahre nach seinem Tode verbessert mit einer Fortsetzung im Sinne des rechten Kirchenglaubens. Schließlich griff der kundige deutsche Theatermann Brachvogel eine der vielen Möglichkeiten des Werkes auf und machte daraus seinen Bühnenreißer »Narziß«; das gab fünfzig Jahre lang eine große Rolle ab für die bekanntesten Mimen. Es ist, bei aller Dürftigkeit des »Narziß«, nicht einmal eine abwegige Lösung. Der Neffe ist eine große Figur, die förmlich nach der Bühne schreit. Einer imaginären freilich. Diderot war kein Theaterdichter. Er konnte nur Szenen schreiben, kein Stück. Das beruhte nicht nur, wie man gemeint hat, auf seinem Hang zum Improvisieren, sondern vor allem darauf, daß er sich nie ganz für die eine oder andere Seite entscheiden kann. Er liebt das Gute, die Tugend, er ist für Sanftmut und Schlichtheit. Aber das Böse und Hemmungslose, Wilde, Bunte zieht ihn, zum mindesten auf dem Papier, an. Er schwärmt im Dialog für die starken, großen Leidenschaften. Der Neffe ist ein Schurke, aber ein starker, echter, ein natürlicher Schurke. Das Schwanken geht in dem Dialog so weit, daß wir Diderot selber eigentlich nur mit halber, matter Stimme sprechen hören, als sei er sich seiner Sache nicht so ganz gewiß. Nur der Neffe redet frei heraus, laut, sicher, schlagend; er hat es nicht einmal nötig, sich zu entschuldigen. Im Gegenteil: così fan tutte, so machen sie es doch alle! So ist die Pariser Gesellschaft. So ist die Welt, nicht nur zu Paris.

Der gute Mensch hat es immer schwer, im Leben wie in der Dichtung. Schurken, Gangster, große Verbrecher sind wirkungsvoller als edle und heilige Gestalten; das beginnt schon mit Dantes Hölle. Diderots Dialog war nicht nur Gesellschaftssatire, sondern auch Protest gegen die hochfeierlichen Helden des französischen klassischen Dramas und der Oper, gegen die nebenbei noch in den Gesprächen polemisiert wird. Diderot hat versucht, in seinen beiden Bühnenstücken vom »unehelichen Sohn« und dem »Familienvater« mit guten, braven Menschen zu operieren und ein neues, bürgerliches Drama zu schaffen. Das glückte nicht recht, obwohl die Werke damals Epoche machten und weithin, in Deutschland durch Lessing, bekannt wurden. Es ist ein Kapitel Literatur- und Theatergeschichte, nicht mehr.

Eine weitere pittoreske Figur, einen neuen Sancho Pansa, hat Diderot in seinem »Jacques le Fataliste« auf die Dialogbühne gestellt. »Jakob und sein Herr« übersetzten den Titel die Deutschen, die auch dieses Werk zuerst publizierten. Jakob ist der

Diener, wie bei Cervantes, und entschieden die Hauptperson. Ein unermüdlicher Erzähler und Schwätzer – Diderot nennt sich selber gerne einen »bavard«. Ein Hurer, derb, frech, völlig respektlos seinem Dienstherrn gegenüber. Er hat ihn auf der Reise aufgegriffen, nicht der Brotgeber ihn. Er hat bereits eine revolutionäre Note; der Figaro des Beaumarchais ist sein Nachfolger. Er protestiert gegen alles, die Gesellschaft, den Glauben, die Philosophie, und vornehmlich mit Aktionen, nicht Tiraden, oder durch exemplarische Erzählungen. Die sind freilich, wie oft bei Diderot, so verwickelt und unterbrochen durch Zwischenreden und Einschübe, daß man sie nicht leicht verfolgen kann. Andere haben da eingreifen müssen. Schiller hat schon die Geschichte der Madame de Pommeraye herausgezogen und unter dem wirkungsvollen Titel des »merkwürdigen Beispiels einer weiblichen Rache« in seiner Zeitschrift THALIA übersetzt. Heinrich Mann hat danach wiederum sein Schauspiel von der Marquise d'Arcis versucht. Schiller soll übrigens aus Diderots kleiner Erzählung »von den beiden Freunden aus Bourbonne« und ihrem wilden Kampf mit den Gerichten, dem Räuberleben im Walde, die Anregungen für seine »Räuber« entnommen haben, wie Goethe meinte.

Fatalist ist der Diener Jakob nach seiner ohne Unterbrechungen zitierten Devise: In den Sternen steht unser Schicksal geschrieben, »da oben«. Von seinem Hauptmann, als er Soldat war, hat er diese Prädestinationslehre gehört: Jede Kugel trifft nur den, für den sie bestimmt war. Das wird in den Erzählungen abgewandelt, mit ständigen Überraschungen. Die Prädestinationslehre führt, nach ihrer strengen, kirchlichen Auslegung, zu Ergebung in den unerforschlichen Willen Gottes; sie soll demütig, bescheiden und fleißig machen. Nicht so Jakob oder Diderot. Sie amüsieren sich darüber, wie es doch immer ganz anders kommt, als der Mensch denkt. Ein Trauergefolge zieht vorbei mit ernsten Mienen und einer Leiche; Jakob erblickt gerührt das Wappen seines alten Hauptmanns auf dem Sarge. Aber die Polizei greift ein: Es sind Schmuggler, die ihre Ware unter der frommen Verkleidung in Sicherheit bringen wollen. Die ihrem Gewand nach Frommen, die Mönche, werden vorgenommen und als Hurer und Intriganten entlarvt. Gegen Vorwürfe von Lüsternheit bei solchen Szenen verteidigt sich Diderot durch das Mittel der romantischen Ironie, sich selber und seine Erzählweise in Frage zu stellen: »Ist das nicht eine fade Rhapsodie, Realitäten und Phantasien ohne Ordnung durcheinandergewürfelt?«

Gut und böse, wie steht es damit? Er diskutiert mit dem Diener. Jakob kennt weder das Wort Laster noch den Begriff Tugend; er behauptet, man sei entweder durch Geburt zum Glück oder Unglück vorbestimmt. Vergeltung? Strafen? Unsinn. Was soll das Gerede von der Freiheit des Willens? Ein schweres, altes, nie ganz gelöstes Problem, das schon die Kirchenväter geplagt hat. Diderot nimmt es leicht, als ein Paradox. Er ist zwar als Philosoph der Mann der Vernunft, aber in der Welt geht es nicht vernünftig zu, sondern bunt, willkürlich, widerspruchsvoll. Darf man sich gänzlich gehen lassen, da alles doch vorbestimmt ist? Er fragt den Jakob: Soll es gar keine Strafen geben? Doch, den Stock für die Übeltäter, meint Jakob. Der Henker wird sogar für notwendig gehalten. Diderot bringt einen Henker ins Spiel, der sich als Menschenfreund erweist gegenüber dem schwer verletzten Diener. Der weiß nicht, wer ihm da hilft, und schließt ihn gerührt in seine Arme. In den Liebes- und Schwankgeschichten geht es ähnlich farbig zu. Sie sind nach alten Mustern erzählt – Diderot fügt rasch einen Satz ein: Ist dies nicht der beste Roman seit Rabelais? – und handfest berichtet. Jakob vergewaltigt ein unschuldiges Mädchen, seine Jugendgefährtin; »Schurke, Verbrecher!« ruft der Herr, – ja, aber sie half ganz tatkräftig dabei mit, meint der Diener. Diderot plädiert ausführlich für die Verwendung der derbsten, volkstümlichen Ausdrücke und könnte damit in Pornographieprozessen von der Verteidigung zitiert werden. Er verwendet sie aber nur ganz sparsam; ein weiterer Widerspruch. Er kennt die Stottertechnik, die Rückblendung, die uns nicht erst der Film beschert hat. Er hat eine ganze reiche Palette mit Farben, die später neu entdeckt werden müssen. Sein Werk ist ein Anti-Roman, eine Simultandichtung, Existenzphilosophie und satirisch-kritisches Zeitbild. Er führt mit den Erzählungen des Herren in die hohe, korrupte Gesellschaft, mit denen des Dieners ins Volk. Zum Schluß geht es wie im Märchen oder im bürgerlichen Roman zu: Jakob bekommt seine Jugendgefährtin als Ehegattin zugewiesen. Sie leben zusammen bis an ihr seliges Ende, »denn so war es da oben geschrieben«.

Das Werk war als ein Gegenstück zu einem ernsten Roman, »Die Nonne«, gedacht. Diderot hat oft über das Schicksal seiner jungverstorbenen Schwester nachgedacht, die ins Kloster ging und dort in tiefster Schwermut endete. Die Berichte der Familie sind nicht klar; es wird auch von übermäßiger Arbeit und Kasteiungen gesprochen. Von Zwang war keine Rede gewesen; die Schwester wollte Nonne werden. Immerhin trug dieses Schicksal nicht dazu bei, Diderot wohlwollend gegen die Institution zu stimmen. Was er sonst darüber hörte und sah, mußte ihn in seiner Abneigung bestärken. Das Kloster war im Ancien Régime eine Einrichtung, die zu vielen Zwecken diente, und man kann sie nicht mit heutigen Verhältnissen vergleichen. Es war Zufluchtsort, Sanatorium, elegantes Mädchenpensionat, auch Gefängnis für Frauen, die von ihren Ehemännern eingesperrt wurden, weil sie einen Fehltritt begangen hatten oder weil der Gatte ungehindert seine Fehltritte begehen wollte. Für viele Mädchen, die hübscheren Töchter, war es von vornherein nur als Durchgangszeit gedacht bis zum heiratsfähigen Alter –; die weniger schönen blieben auf Lebenszeit. Für den Hochadel gab es die berühmten Häuser mit sehr strenger Stammbaumliste (die zugleich beste Verbindungen verbürgte) und sehr genauer Kleiderordnung, mit eleganten Ordenskreuzen, die viel beneidet wurden; die »Comtesse« betitelten Schwestern hatten ihre Kammerfrauen, ihre eigne feine Wäsche, und der Aufenthalt kostete hohe Pension. In anderen Häusern wurde Tanzunterricht gegeben, um für die gesellschaftliche Stellung vorzubereiten; die Unterhaltung der Mädchen drehte sich um den Hof und das künftige Leben im Himmel von Versailles, nicht dem des Jenseits. Wir wissen von einer dieser Elevinnen, daß sie sich bereits in ihrer Klosterzeit ganz systematisch für die Rolle einer Mätresse Louis' XV. vorbereitete und damit auch Erfolg hatte. Im übrigen hatte man Klöster mit ausgezeichnetem Unterricht, auch solche strengerer Ordnung, milde Klöster, in die oft enttäuschte Frauen flüchteten, sehr freie, die Casanova schildert. Dieses Bild ist nicht vollständig, aber die stillen und feinen Häuser, die zweifellos auch vorhanden waren, kommen in der Literatur der Zeit kaum je zu Wort, sehr zum Unterschied vom vorhergehenden Jahrhundert, in dem die Kirche auf eine ganze Auswahl von weiblichen Heiligen hinweisen konnte. Im 18. Jahrhundert ist keine einzige mit dieser Ehrung bedacht worden. Die Verweltlichung war weit fortgeschritten, ehe die Enzyklopädisten ihren Kampf begannen.

Das Zölibat war dabei eines der ständigen Themen. Es wurde bald spöttisch behandelt, bald rührselig, wie in einem Drama »Melanie«, das nicht aufgeführt werden durfte, aber vom Dichter in allen Salons vorgelesen wurde. Die Gelübde und religiösen Probleme waren nicht die einzigen Fragen. Das Kloster war auch eine wichtige Angelegenheit für die Finanzen einer Familie. Überschüssige oder unerwünschte Töchter auf diese Weise loszuwerden, bedeutete Schonung des Vermögens der Söhne und höhere Mitgift für die Töchter, die nicht den Schleier nehmen mußten. Gefragt wurde das Opfer nicht. Die elterliche Autorität galt noch absolut. Die Gerichte griffen notfalls ein und verkündeten das endgültige Urteil.

Diderot erzählt die Geschichte einer Gefangenschaft und Flucht nach einer wahren Begebenheit, von der er Kenntnis erhalten hatte. Er dialogisiert nicht. Er läßt das Mädchen den Bericht über seine Leidenszeit vortragen. Er macht sie zu einem Fehltritt ihrer Mutter, der durch diese fromme Handlung gesühnt werden soll; ein nicht seltenes Motiv, das die Kirche eigentlich beunruhigen müßte. Er schildert das Mädchen nicht als Heldin. Sie weigert sich anfangs standhaft, gibt dann nach und läßt sich einkleiden. Diderot vermeidet alle primitiven Anklagen; er verwandelt sich sogar in einen sehr verständnisvollen Beichtvater, der die seelischen Nöte und körperlichen Leiden seiner Nonne anhört, als sei er ein wohlwollender Priester; es ist keineswegs alles schändliche Unterdrückung, von der miserablen Familie abgesehen. Eine sanfte und milde Oberin zuerst, die leider stirbt; eine liebevolle Freundin als Mitnonne, ein ehrenhafter Advokat, der sich des Falles annimmt und einen Prozeß zur Auflösung des erzwungenen Gelübdes anstrengt, ein Archidiakon, der die Nonne in ein anderes Kloster transferiert, nachdem er festgestellt hat, daß sie im ersten mißhandelt worden ist. Erst davon hebt sich das Bild der Leiden überzeugend ab, die dem Mädchen von einer sadistischen Oberin zugefügt werden; sie gehen so weit, daß man sie bewußt wahnsinnig machen will. Das zweite Kloster bringt die neue Prüfung: eine heimliche Lesbierin als Äbtissin. Niemand wird heute sich darüber entsetzen; Diderots Freund Naigeon tat es, und noch hundert Jahre danach galt der Roman als skandalös. Diderot vermeidet auf das sorgfältigste jede Pikanterie, so lustig obszön er in seinen Dialogen sein kann. Er läßt sogar vorsichtigerweise die Äbtissin als eine Wahnsinnige erscheinen, die schließlich ihrem Beichtvater bekennt: »Mein Vater, ich bin verdammt!« und in Delirien stirbt. Damit endet das ausgeführte Manuskript; es folgen noch skizzierte Fragmente über die Flucht des Mädchens und ihr unsicheres Leben in Paris auf der Suche nach einer Stellung. Das Werk steht isoliert im Œuvre Diderots. Er unterbricht nie, spricht nicht hinein, philosophiert nicht; er erzählt, realistisch und mit bewundernswerter Verwandlung, ganz in der Rolle und Seele des Mädchens aufgehend. Er schildert sie so unschuldig, wie er etwa seine eigne Tochter, die inzwischen heranwuchs, gern sah; nirgends wird nur angedeutet, daß ihr vielleicht erotische Wünsche das Kloster unerträglich machen. Sie will nur frei sein. Es ist ein Kampf um die Freiheit. Und Diderot zeigt noch in den Schluß-Fragmenten, wie schwer ihr die Freiheit fällt, daß sie am liebsten in das Kloster zurückgehen möchte, wenn es nicht zu gefährlich wäre. Noch ein Problem: Freiheit und Geborgenheit. Er führt es nicht aus. Für ein zweites Leben wäre ja auch ein zweiter Roman nötig.

Vieles ist bei Diderot nicht ausgeführt. Die beiden Werke vom Diener und Herrn und »Die Nonne« wurden handschriftlich der Korrespondenz seines Freundes Grimm beigegeben für die zwanzig Abnehmer im Ausland; in Paris sah sie niemand, außer ein paar Freunden. Für Grimms Zeitschrift schrieb Diderot auch seine Kunstkritiken, heute berühmt als die ersten bedeutenden Zeugnisse dieses Zweiges der Kritik, der inzwischen fast wichtiger geworden ist als die Kunstwerke selber. Damals kannte sie niemand, außer einigen Abonnenten in Gotha, Zweibrücken, Schweden, Rußland. Diderot hat oft über die Forderungen seines Freundes geklagt, der ihn rücksichtslos anspannte und sich damit als ausgezeichneter Herausgeber erwies. Grimm schrieb selber gut und viel. Seine Urteile sind oft – meist ohne Namensnennung – in die Literaturgeschichte eingegangen. Er betrieb, keineswegs nur nebenbei, auch diplomatische Künste, zuweilen Spionage, und brachte es damit bis zu dem in Deutschland so begehrten Titel Baron sowie, für Mitwirkung bei der Heirat des Thronfolgers mit der hessischen Prinzessin Wilhelmine, der Schwester der von Goethe angebeteten Luise von Weimar, zum russischen Staatsrat von Katharinas Gnaden. Grimms Korrespondenz ist eine reiche Quelle für die Literatur, Musik, Malerei der Zeit; dazu noch mußte er seine Auftraggeber mit viel Gesellschaftsklatsch bedienen.

Diderot schrieb für ihn, murrend und ständig stärker fasziniert, seine »Salons«, Betrachtungen über die Kunstausstellungen im Salon carré des Louvre. Das war alljährlich ein großes Ereignis für die Pariser Gesellschaft. Man bekam nicht nur Bilder zu sehen, sondern auch die neuesten Toiletten. Die Bilder hatten ebenfalls ihre Moden; beides zusammen ergibt einen Einblick in die Zeitströmungen. Der hohe Stil der Tradition, mit klassischen Themen und Attitüden, von Diderot und seinen Freunden auf dem Theater bekämpft, erhält sich hartnäckig und kommt sogar wieder zur Herrschaft in den Jahren vor der Revolution, nur daß »Brutus« die Parole wird anstelle von Cäsar. Das Bürgertum, energisch vorrückend, liebt Genrebilder, Familienszenen mit vielen Kindern, eine Hündin, die ihre Jungen säugt, daß man das Schmatzen der Kleinen an den Zitzen hört. Stürmische Seeszenen sind beliebt, das Scheitern einer Barke, die auf die Klippen zutreibt wie das französische Staatsschiff. Es wurde realistisch gemalt, idealistisch, mythologisch-historisch. »Historienbilder« waren unentbehrlich für die Aufnahme in die Akademie, den Franzosen so wichtig wie den Deutschen ihr »Baron«. Die ordentlichen Mitglieder der Akademie hingen obenan und galten unbestritten als die höchste Klasse.

Innerhalb der Klassengesellschaft hatte die Kunst ihre eignen Klassen, abgesehen von den akademischen Graden, die auch sorgfältig beachtet wurden. An der Spitze die Historienmaler, die Szenen aus der Geschichte, Mythologie, Religionsgeschichte brachten; darunter die Porträt- und Landschaftsmaler, die Genremaler, und ganz unten und zuletzt die »bloße Materie«, das Stilleben, mit Diderots Freund und Mentor Chardin als Meister. Die Bilder hingen so, hierarchisch geordnet, dicht gedrängt in vier oder fünf Reihen übereinander. Die Zeichner der Zeit haben das Bild des Salons überliefert: die große Treppe, auf der die Damen im Reifrock auf- und absteigen, sich fächern, plaudern, einige Stichworte von Kennern aufhaschen, die man im andern Salon, dem eignen, verwenden kann. Die Bilder können kaum atmen in dem Gedränge. Aber sie plaudern ebenfalls miteinander, wie in einer der kleinen Broschüren hübsch ausgeführt, die der Besichtigung nachflattern. »Wo ist Doyen?« – »Bei Hofe.« – »Und was zum Teufel macht er da?« – »Der König hat ein Wort an ihn gerichtet; sollte er Ihnen das nicht erzählt haben?« – »Und Dumont?« – »Zur Frühmesse gegangen!« – »Gut getan; die vielen kleinen rosigen Hintern hätten ihn nur entrüstet.« – »Und Madame Vien?« – »Sie widmet sich sicherlich ihrem Gatten.« – »Und Fragonard?« – »Vertrödelt seine Zeit und sein Talent; er macht Geld.« – »Greuze?« – »Der schmollt!«

Greuze schmollte nicht ohne Grund; seine Zeit, die Epoche der rosigen Hintern, war vorbei; es sollte nun im großen, strengen Stil zugehen, wie es auch Diderot wünschte. Er plaudert ebenfalls und zuweilen nicht tiefsinniger, als das Echo des Gesellschaftschronisten es wiedergibt. Das erzählende Bild, das eine Szene, eine Geschichte, auch eine Kriminalgeschichte vorträgt, war noch entscheidend wichtig. Das mußte nun nacherzählt werden für die Abonnenten im fernen Ausland, keine ganz leichte Aufgabe, denn sie bekamen die Bilder ja nun nicht zu sehen. Diderot erledigt sich der schwierigen Sache mit großer Kunst, in Dialogen, kleinen Anekdoten, Phantasien; er malt selber in Gedanken eine Landschaft, erfindet eine Szene, die ihm weit besser erscheint als das Bild an der Wand. Er winkt guten Freunden zu oder zerzaust sie, und da keiner von ihnen seine Zeilen zu Gesicht bekommt, kann er sehr ungeniert schreiben. Er treibt Sozialkritik und bringt seine ästhetischen Theorien vor. Doch wer wollte heute etwas vom »Schönen« hören, das er auch ausführlich in der Enzyklopädie behandelt hatte? Wer vom »Erhabenen«, das sich in Bühnengesten mit gespreizten Fingern auszudrücken hatte? Diderot überrascht immer wieder durch seine Frische und Unbefangenheit. Er läßt sich auch durch die Malerfreunde führen und belehren, Chardin besonders, Falconet. Er geht, wie bei seiner Arbeit an den Tafelbänden seines Hauptwerks, in die Werkstatt. Wille belehrt ihn über Kupferstich, Radierung, Schabkunst. Er arbeitet sich auch in diese Materie, wie in andere, spielend und fleißig hinein, bis er für einen ungewöhnlich gutinformierten Kenner gelten kann, den dann seine Abonnenten mit wichtigen Kaufaufträgen beehren. Die Kunst seiner Zeit, das müssen wir betonen, ist noch durchweg Auftragskunst. Der Besteller ist der oberste Richter. Er hat ein wenig von »Nachahmung der Natur« gehört, vom Rangstreit der Modernen und Alten. Sonst jedoch folgt er dem eignen Geschmack und den Geschmacksmoden der Zeit. Bei einem Porträt gibt er genau an, wie er dargestellt werden will, mitsamt den Attributen seines Berufes oder seiner Stellung. Die Genielehre stand erst in den Anfängen; das einsame Genie, das für den Schreibtisch oder sein Atelier arbeitet, gab es nicht; selbst Rousseaus Einsamkeiten waren der Teilnahme der Pariser Gesellschaft sicher. Diderot ging als Autor durch den Salon. Er konnte nach Herzenslust promenieren, und das entsprach seinem Temperament. Wir können uns an seinen immer mit großer Verve vorgetragenen Bemerkungen, dem Reichtum seines Repertoires entzücken. Wenn er gerade unseren Geschmack trifft, der wiederum durch unsere Zeit bestimmt ist, sollten wir nicht unvorsichtig triumphieren.

Er kritisiert einmal ein pompöses Denkmal von Pigalle für den König: Der Herrscher, umgeben von symbolischen Figuren, einem Löwen als der »Milde«, dem soliden Handel in nackter Robustität. Diderot empört sich über das enorme Honorar von 60 000 Francs, das er der Familie des Künstlers gönnt. Er wünscht nur einen Bildhauer, der mehr an Honneur als an

Honorar denkt. Und dann skizziert er seine Ideen für ein Denkmal Louis' XV.: kein Löwe, kein nackter Handel – statt dessen die Figur eines Arbeiters, der sich an die Hörner eines Stieres lehnt, und eine schöne Bäuerin mit großen Gesichtszügen und mächtigen Brüsten, ein Kind stillend. Das wäre »schön, nobel, einheitlich, einfach, erhaben«. Er zählt seine Lieblingskategorien auf. So könnte das Denkmal, nicht gerade einem König gewidmet, in Leningrad stehen. Im Westen würde es nach derzeitiger Auffassung weniger gefallen.

Für Diderot gilt das nicht. Er glaubte an absolute Maßstäbe, auch da, wo er entdecken, weiterführen, in die Zukunft weisen wollte. Paris war auch noch unbedingt maßgebend für die Welt. Er schrieb nicht nur seine Causerien für die Abonnenten. Er trieb auch Kunsthandel als marchand amateur; die große Gönnerin Katharina versorgte er mit ganzen Schiffsladungen aus den Auktionen. Wir haben ihn keineswegs als Einsiedler zu denken. Er interessierte sich für alles: die wiederentdeckte Wachsmalerei der Antike mit heiß eingebrannten Farben, die Enkaustik; ein Farbenklavier eines Jesuiten mit hängenden Seidenbändern, durch Tasten angeschlagen; eine neue Drehorgel; die graphischen Methoden. Ein spielerisches Moment ist dabei, neben den enzyklopädischen Neigungen und Kenntnissen, unverkennbar. Er spielte auch gern am Kartentisch und verlor meist. Er begann zu sammeln, Bücher, Stiche, kleine Kunstgegenstände. Sein Zimmer bestand nicht nur mehr aus Tannenholz und einem Strohsessel.

Sein Freund, der Bildhauer Falconet, führte mit ihm einen freundschaftlich erbitterten Briefwechsel über den Nachruhm. Falconet, etwa gleichaltrig mit Diderot, hatte sich aus kleinen Anfängen emporgearbeitet, bis er zu den gesuchtesten Bildhauern gehörte und sehr hohe Honorare nehmen konnte. Er machte alles, kleine, glatte Porzellanfiguren für Sèvres, einen Pygmalion, elegante badende Nymphen und das monumentale Reiterdenkmal Peters des Großen auf einem ungeheuren Monolith aus Granit auf dem Dekabristenplatz, das er für Katharina in zehnjähriger Arbeit schuf. Es wurde dabei unablässig in Petersburg genörgelt: Das Bärenfell, das er dem Herrscher beigegeben hatte, erweckte den Verdacht, es handele sich um eine unziemliche Anspielung auf die Rückständigkeit Rußlands; die Schlange, die das Roß niedertrat, konnte auf Intrigen der Hofgesellschaft gedeutet werden; es fehlte in der Hand das Schwert, zum Siege weisend. Falconet nahm seine hohen Honorare und reiste ab, ehe das Standbild enthüllt wurde. Er hielt nichts vom Nachruhm und sagte das seinem Freunde Diderot in derben Worten: Der Lohn für die Arbeit genügt. Diderot widersprach ihm leidenschaftlich; der Skeptiker ist hier ganz lyrisch und pathetisch. Er hört bei Nacht, in der Ferne mit zerstreuten Tönen, ein Flötenkonzert. Die Phantasie verbindet sie zu einem Ganzen. Wieviel schöner ist das doch, als das Konzert in unserer Nähe! Was soll uns die Gegenwart, selbst wenn die ganze Welt vor uns in die Knie sinkt! Wir blicken auf die Zukünftigen. Nur das Urteil der Nachwelt gilt. Er denkt dabei nicht an den bunten Haufen, der heute im Theater ein Meisterwerk auspfeift und im Textbuch nachschaut, ob er bewundern oder tadeln darf. Wie Stendhal glaubt er an die happy few, die »kleine Schar, die unsichtbare Kirche, die sieht, nachdenkt, leise spricht. Ihre Stimme dringt auf die Länge durch und bildet die öffentliche Meinung.« Er sieht sie das Urteil der ganzen Nation bestimmen, das nie falsch sein kann. Er wünscht sich eine Ruhmeshalle – ähnlich der zu Westminster – und sieht seine Statue da, wie in der Antike, aufgestellt; und er hofft mit dem ganzen Optimismus des gründlichen Zweiflers auf bessere Generationen, auf eine schönere Welt. »Das Individuum vergeht, aber die Gattung hat kein Ende. Das ist die Rechtfertigung für den Menschen, den Künstler, der sich verzehrt – ein Brandopfer auf dem Altar der Zukunft.«

Eine Hymne und eine Klage. Diderot spürt das Alter. Er weiß auch nur zu gut, was er alles versäumt hat, wieviel liegengeblieben ist. Die Freiheit von allen äußeren Bindungen und dem Zwang, ein Werk in Druck zu geben, verführt dazu, unablässig zu ändern, über noch bessere Versionen nachzudenken oder auch in gänzlich unwichtige Beschäftigungen auszuweichen. Seine Tochter hat erzählt, wie er – fast wehrlos – jedem seine Feder lieh, der ihn um etwas bat, mochte es ein Vertrag, eine Beschwerde, ein Gedichtmanuskript sein. Wenn man ihn mahnte, sich nicht so bestehlen zu lassen, lächelte er: »Man bestiehlt mich nicht – ich gebe!« Er gibt auch Geld, immer wieder, zuweilen an offenkundige Nichtsnutze und Gauner, die ihn amüsieren. Seine finanzielle Lage ist bescheiden, obwohl er nach dem Tode des Vaters über eine feste Rente aus dem Nachlaß verfügt. Die Unbescheidenheit der Ausnutzer bringt ihn fast in Bedrängnis. Seine Gönnerin, die große Katharina, erfährt davon durch Grimm und kauft ihm seine wertvolle Bibliothek ab, mit der recht großzügigen Maßgabe, daß er sie bis zu seinem Tode behalten darf.

Der unschätzbare Vorteil seiner selbstgeschaffenen Freiheit liegt darin, daß er sagen und schreiben kann, was er will, ohne Rücksicht auf die launische Zensur oder das Gekläff der Skribenten. Diderot ist mutig, mutiger als fast alle seine Zeitgenossen unter den Autoren, aber er hat nicht – wie Voltaire – sein Vergnügen daran, sich mit anderen herumzuzerren. Den Streit mit Rousseau, der ihn tief verwundet, legt er nur für sich in einer kleinen Liste der Untaten des ehemaligen Freundes nieder. Er träumt gern. In der Form des Traumes, die noch freier und unverbindlicher ist als der Dialog, äußert er einige seiner kühnsten Gedanken. In seinem »Traum des d'Alembert« hat er in dichterischer Form versucht, sie zu gestalten. Er erfindet dazu eine recht kunstreiche Form, eine Art Trilogie: zuerst ein Gespräch mit dem alten Freund – mit dem er sich wieder versöhnt hat – als Vorspiel. Da werden die Themen angeschlagen, es geht um die Frage der Materie und wie sie sich fortschreitend über das gesamte Naturreich entwickelt bis hin zum denkenden Menschen. Im zweiten Teil träumt d'Alembert; neben ihm wacht beunruhigt seine Lebensgefährtin, die L'Espinasse, und horcht auf die wirren und tiefsinnigen Reden des Freundes, der davon spricht, wie sich die organische Welt bildet. Der befreundete Arzt Bordeau ist am Bett zugegen. Er dialogisiert im Schlußgespräch mit der L'Espinasse über die Folgen der vorgebrachten Lehren. Diderot hielt auch dieses Stück streng geheim; er schrieb seiner Sophie nur, es enthielte »höchste Ausgelassenheit und tiefste Philosophie«, es sei profund und närrisch.

Es läßt sich bequem als frühes und markantes Zeugnis in die Geschichte des Materialismus einreihen. Aber Diderot denkt auf seine Weise. Er hat sich aus den vorliegenden und ihm bekannten Philosophien und naturwissenschaftlichen Werken seine Nahrung gezogen, so wie er es von den fortschreitenden Entwicklungen der Materie über Pflanzen- und Tierreich bis zum Homo sapiens schildert. Er ist ein Mensch, der sich ständig wandeln möchte in immer neuen Emanationen seines Wesens. Er denkt auch an den Tod und das Nachleben. So sieht er einen großen, ewigen Kreislauf, eine fortwährende Wiedergeburt in neuen Gestalten. Die Materie kann nicht tot sein, das Molekül, wie er das Atom nennt, nicht nur mathematisch quantitativ bestimmt werden. Die Materie ist nicht gleichartig, sondern besteht aus Individuen, wie er eines ist, in noch unentwickelter Form zunächst, die sich steigert; er hält auch weitere Steigerung über den jetzigen Zustand des Menschen durchaus für denkbar. »Im unendlichen Ozean der Materie«, murmelt der träumende d'Alembert, »ähnelt kein Molekül dem andern, und kein Molekül auch nur einen Augenblick sich selber: Eine neue Ordnung der Dinge wird geboren, so lautet die ewige Aufschrift.« Er stöhnt über die Eitelkeit alles Denkens, die Armseligkeit unserer Ansichten: »Es gibt nichts haltbares als trinken, essen, leben, lieben und schlafen... Mademoiselle de l'Espinasse, wo sind Sie?« Der Arzt sucht nach seinem Hut und Stock, er muß noch einen anderen Patienten sprechen. Die Unterhaltung scheint ihm nur ungefähr und allgemein ein Resultat zu ergeben: »Kein Mensch gleicht dem andern völlig; wir begreifen nie genau, und man versteht uns nie genau. Es fehlt immer noch etwas oder müßte dazukommen...«

Diderot ist kein Philosoph, der Systeme aufbaut. Er philosophiert. Der Arzt kommt zurück und hält dem Fräulein ein physiologisches Kolleg, nachdem er ein vorzügliches Glas Malaga getrunken und auf seine Uhr geschaut hat: Wir haben gerade eine Stunde Zeit! Die L'Espinasse bittet um etwas Rücksicht, einen »Schleier« für das, was er zu sagen hat. Aber über physische Dinge läßt sich nicht, in Gaze gehüllt, sprechen. Es geht um die Schöpfung, das Entstehen des Menschen, von der nur generell und entwicklungsgeschichtlich die Rede war. Der Doktor doziert also nach den Handbüchern, die Diderot kennt, wie die Zeugung zustande kommt. Er polemisiert auch ein wenig in Diderots Sinn gegen das Zölibat. Er hält es nach den Erfahrungen seiner Praxis für schädlich. Die Natur muß ihr Recht haben. Er übergeht nicht einmal das Problem der Masturbation, das auch zur Natur gehört und nicht nur beim Menschen vorkommt. Er behandelt es weitaus unbefangener als der in viele Sprachen übersetzte Dr. Tissot aus der Schweiz, der das bekannteste Buch zu diesem Thema geschrieben hatte und weithin Furcht und Schrecken vor den Folgen verbreitete. Dr. Bordeau spricht als Hausarzt von dem, was ist, was er beobachtet hat, nicht von dem, was sein soll oder nach nicht befolgten Regeln gewünscht wird. Man scherzt zum Schluß. Diderot schreibt keinen platonischen Dialog, er will nicht unbedingt und in jedem Punkt recht behalten. Ein Gespräch wird geführt, und er bleibt diesmal sehr sorgfältig in den verschiedenen Rollen: d'Alembert spricht als der Geometer und Philosoph, Bordeau als Mediziner, die L'Espinasse als Frau. Als vom Zukunftsmenschen die Rede ist und der Gefahr, daß die Menschheit durch Mangel an Gebrauch der Gliedmaßen immer mehr verkümmern oder vergeistigen könnte, bis die Menschen kaum noch Beine haben und nur einen riesigen Kopf, wirft sie ein: »Ein Kopf! Ein Kopf – das ist doch keine so große Sache!« Sie hofft vielmehr, daß die ununterdrückbaren Liebestriebe … aber sie bricht kurz ab: »Sie bringen mich auf ganz komische Gedanken!«

Pedantisch wäre es, nachzurechnen, woher Diderots Weisheiten stammen, oder zu zeigen, wo er hinter Späteren zurückbleibt. Seine Werke lassen sich nicht gut zerpflücken; er ist kein Aphoristiker. Einzelgedanken, ohne das Erdreich um sie herum, herausgepflückt, verlieren den Geruch. Wir haben nur mit Bedenken zuweilen zitiert, weil es ohne das nicht abgeht, und vor allem, um zur Lektüre im ganzen hinzuführen.

Die Gesammelten Werke umfassen in der letzten gründlichen Ausgabe – die unvollständig ist und erneuert werden muß – 22 Bände. Ein Essay ist keine Anthologie. Man mag Diderot aufschlagen, wo man will, er ist überall interessant, auch wo er sich wiederholt. Er wandelt nach seiner Metamorphosenlehre seine Lieblingsideen auf das reizvollste ab. Wir sind ihm auf einigen seiner Wandlungen gefolgt. Es verbleibt noch die letzte, die zum alten Weisen, der gelassen dem entgegenblickt, was nach dem großen Schlaf aus den in alle Welt zerstreuten »Molekülen« des Denis Diderot werden wird im unendlichen Ozean der Dinge.

Reise nach Rußland

Der alte Weise und Skeptiker war noch immer glorreich leichtsinnig. Die »Semiramis des Nordens«, Katharina, hatte ihn protegiert, unterstützt, geehrt. Mit dem Geld, das sie ihm für seine Bibliothek zukommen ließ, hatte er seine Tochter verheiratet, sehr solide mit einem Landsmann aus lange mit den Diderots befreundeter Familie. Er fand nun, er habe sein Haus bestellt, und wollte sich noch etwas in der Welt umschauen. Seit seinen Knabenjahren war er in Paris, lange Jahrzehnte an den Schreibtisch gebannt gewesen. Er wurde unruhig, wie es oft alternden Menschen geht. Er faßte den kühnen Entschluß zu einer Reise nach Petersburg, um der Gönnerin persönlich seinen Dank zu Füßen zu legen. Das war kein kleines Unternehmen und ging, wie sich zeigte, nicht ohne gefährliche Stürze mit dem Wagen, Einbrechen im Eise, Prellungen und Quetschungen ab, nicht zu reden von der furchtbaren Kälte. Man machte sich davon in Paris ziemlich märchenhafte Vorstellungen und dachte dabei an Eisfeste, die Katharinas Vorgängerin tatsächlich in einem Karnevalspalast auf der zugefrorenen Newa gefeiert hatte. Auch sonst herrschten reichlich vage Vorstellungen über das Riesenreich, das sich vor den Augen der Zeitgenossen unablässig vergrößerte, um ganze Königreiche und Herrschaften mit wilden und halbwilden Völkerschaften. So riet ihm jeder ab. Auf Madame Diderot hörte er zwar kaum, aber die zweite Familie, die Vollands, waren außer sich. Auch andere Freunde warnten. Man hatte gehört, daß es am Petersburger Hofe höchst willkürlich zuginge: Glücksritter könnten da fabulöse Reichtümer erbeuten und ebenso leicht verlieren. Der Freund Falconet schrieb schon verdrossen über Intrigen um sein Denkmal für Peter den Großen. Literarische Freischärler, die mit großen Projekten eingereist waren, hatten kehrtmachen müssen. Außerdem war Krieg an allen Enden. Die Russen führten Krieg in der Krim, an der Donau, in der Levante; ihre Truppen standen in Polen, im Verein mit den Preußen und Österreichern. Es konnte jeden Augenblick aus dieser unheiligen Allianz ein neuer Völkerkrieg entstehen.

Diderot hatte, bei all seinen enzyklopädischen Interessen, sehr wenig Neigung für die Geschichte und gar keine für die Politik des Tages. In seinem großen Hauptwerk war alles rein Historische größtenteils beiseite gelassen worden, zum Teil deshalb, weil es das große sechsbändige historische Lexikon von Moréri gab, das alle Fürstenfamilien und Schlachten ausführlichst behandelte. In seinen Briefen an die geliebte Sophie kommen kaum mehr als vier oder fünf Zeilen über die wichtigsten Ereignisse der Zeit vor; wir finden die gleiche Distanz im Briefwechsel Goethes mit dem Freunde Schiller, wo der Name Bonaparte gerade einmal nebenher erwähnt wird.

Über Rußland konnte man sich darum nicht sonderlich gut orientieren, weil die Herrscherin über das Riesenreich selber nur sehr ungenügend informiert war. Katharina erzählt in ihren Memoiren, daß bei ihrem Regierungsantritt nicht einmal beim Senat, als der obersten Regierungsinstanz, ein Atlas vorhanden war; die Bestandsaufnahme der Reichsfinanzen ergab nur, daß etwa die Hälfte der einkommenden Gelder spurlos in den Taschen der Würdenträger verschwand. Es sollte inzwischen in zehn Jahren ihrer Regierung etwas besser geworden sein. Vor allem wurden nun die großen »Revisionen« energischer durchgeführt, die den Bestand an leibeignen Untertanen, euphemistisch »Seelen« genannt, feststellen sollten und dazu dienten, die Bauern endgültig der Herrschaft der Grundbesitzer auszuliefern. Dieser nicht unwichtige Prozeß blieb freilich im Ausland weitgehend unbekannt; die Reisenden, die Berichte schrieben, verkehrten in der Petersburger Hofgesellschaft. Da ging es um ganz andere Dinge, die stets höchst aufregende Frage, wer denn nun als Selbstherrscher aller Reußen regierte, wer die allmächtigen Günstlinge waren und, nicht zuletzt, nach welchen Seiten hin die gewaltige russische Heeresmacht in Bewegung gesetzt würde. Über den Anfängen Katharinas hing noch ein düsterer Schatten, der nicht weichen wollte, obwohl sie über eine ganz ungewöhnlich gute »Presse« in den einflußreichsten Kreisen Europas verfügte. Politiker bewunderten ihre Energie, die unbestreitbar war und ständig große Erfolge erzielte. Die Enzyklopädisten sahen in ihr eine »aufgeklärte« Monarchin nach ihrem Herzen. Sie korrespondierte mit Voltaire, der ihr den guten Rat gab, doch endlich den alten russischen Traum wahr zu machen und Konstantinopel wieder unter den doppelköpfigen byzantinischen Adler zu bringen. Die Madame Geoffrin versorgte sie mit Nachrichten, Grimm war ihr Vertreter in vielen Verhandlungen. Man wußte, daß sie dichtete, Märchen und Komödien schrieb. Eine literarische Produktion war auch ihre berühmte »Instruktion«, der »Nakas«, der eine grundlegende Reform einleiten sollte und auf den Gedanken Montesquieus beruhte. Auch er verschwand zur Hälfte unter den Händen der Würdenträger; genauer blieb kaum ein Viertel übrig. Immerhin: Der Nakas lag im Druck vor, russisch und deutsch zu Petersburg und französisch im Ausland publiziert. Man erfuhr, daß die Kaiserin das schöne Wort geschrieben hatte: »Freiheit, die Seele aller Dinge! Ohne dich ist alles tot.« Durch die Geoffrin übermittelte sie an d'Alembert ein Heft ihrer Aufzeichnungen mit dem Lob: Er möge daraus ersehen, wozu die Werke genialer Menschen dienen können, wenn man die rechte Nutzanwendung daraus zieht. Der »Nakas« freilich wurde in den Amtsstuben des Reiches sorgfältig unter Verschluß gelegt; auch die Beamten bekamen ihn nicht zu lesen.

Eifriger wurden in Paris die Personalfragen des nordischen Reiches diskutiert, die Liebhaber und Günstlinge. Ihren einstmaligen Geliebten Poniatowski hatte Katharina auf den bereits recht unsicheren Thron des Königreichs Polen als ihren Statthalter gesetzt; ihre Truppen waren nachgerückt, während von den anderen Seiten her die Preußen und Österreicher vormarschierten.

Das ungeheuerliche Projekt der völligen Aufteilung einer der ältesten und ruhmreichsten europäischen Nationen wurde bereits ventiliert; noch wagte kaum jemand, es für möglich zu halten. Die Namen der Grafen Orlow waren bekannt; Grigorij Orlow, als ein weiterer Ex-Amant, kommandierte zur Zeit in der Levante und träumte, wie es hieß, davon, sich ein anderes Königreich unter dem Schutz seiner Gönnerin zu schaffen, das man vielleicht das »taurische« nennen würde nach dem antiken Namen der Schwarzmeerküsten. Seine Flotte streifte im östlichen Mittelmeer und belieferte die aufständischen Ägypter und Syrer mit Waffen gegen den Sultan. Über alledem schwebte aber immer noch, nach zehn Jahren der Herrschaft Katharinas, der deutschen Prinzessin aus dem winzigen Anhalt-Zerbst, das dunkle Geheimnis ihrer Thronbesteigung. Ein Pariser Ex-Diplomat, Rulhière, der als Botschaftssekretär bei den Ereignissen in Petersburg Augenzeuge gewesen war, hatte darüber eine Sammlung von anekdotischen Berichten verfaßt, die handschriftlich umliefen. Katharina hörte davon und war nicht wenig beunruhigt. Diderot kannte den Mann, der ihn amüsierte, weil er mit so lässiger Sicherheit sich zutraute, in Gesellschaften jeden Unbekannten nach kleinen physiognomischen Zügen zu entlarven: ein Höfling! oder ein Gardeoffizier! er preßt immer die Rechte auf die Brust, die Finger geschlossen! Seine Schilderungen der großen Semiramis waren ähnlich: Sie hält den Kopf sehr hoch, Stolz ist ihr Hauptkennzeichen; im übrigen hat sie die schönsten kastanienbraunen Haare, den Ansatz zu einem Doppelkinn und prachtvolle braune Augen mit blauen Lichtern. »Liebenswürdigkeit und Güte, die sie auch zeigt, sind für den schärfer durchdringenden Blick nur die Wirkung des entschiedensten Wunsches, zu gefallen.« Der Ex-Diplomat hatte aber noch anderes zu erzählen. Er war freilich nicht Augenzeuge gewesen, als der unselige Zar Peter III. durch einen der den Zeitgenossen vertrauten Putsch der Garderegimenter kurzerhand abgesetzt wurde, das war seit Peter des Großen Tode die obligate Form des Regierungswechsels gewesen. Er konnte auch nur vom Hörensagen etwas darüber berichten, wie Peter so kurz danach umgekommen war. Die beiden Orlows waren jedenfalls dabeigewesen, der eine als der vermutliche Mörder, der andere als Organisator des Staatsaktes. Das Licht im Zimmer des Gefangenen war ausgegangen; es ist nie recht erhellt worden. Verblieben war jedoch die Frage nach dem Mitwissen Katharinas. Auch darüber wird sich schwerlich je ein zuverlässiges Aktenstück finden. Rulhière erzählte, was er an Ort und Stelle gehört hatte, und die Historiker halten seine Berichte für ziemlich glaubwürdig. Bei der Geoffrin las er sogar einmal einen größeren Abschnitt im Salon vor. In Petersburg nahm man an, daß der Mann sich das Manuskript zu hohem Preise abkaufen lassen wollte. Katharina hielt Diderot nun für die geeignete Persönlichkeit, den Autor zu bestimmen, das Werk nicht in Druck zu geben oder wenigstens entsprechend zu korrigieren.

Diderot begab sich mit seiner Reise auf gefährliches Terrain. Er war leichtsinnig und hoffnungsvoll. Nachrichten von der Ermordung eines Fürsten, der als schwachsinniger Trunkenbold geschildert wurde, ließen ihn kühl. Man hatte über ähnliches nicht zum ersten Male aus Rußland gehört, und außer dem kläglichen Zaren Peter war bald danach auch noch der Knaben-Zar Iwan VI. in Schlüsselburg umgekommen, bei einem »Befreiungsversuch«, wie offiziell verkündet wurde. Die robuste Vorgängerin Katharinas, Elisabeth, hatte ihn schon lange Jahre dort gefangengehalten, und ihre Nachfolgerin schloß das trübe Kapitel resolut ab. Die Umstände waren besonders geheimnisvoll und sind wiederum nie ganz aufgeklärt worden; man weiß nur, daß der sehr hübsche und sanfte Knabe systematisch durch Entziehung jeder geistigen Nahrung zu einem hilflosen Halbtier gemacht wurde, das nur noch lächeln konnte. Aber auch ein Idiot konnte gefährlich werden für eine Usurpatorin. Diderot war leicht fasziniert von malerischen Kontrasten der Menschennatur. Er beschreibt einmal beim Spaziergang im Park von Maisons-Lafitte eine Statue der Kleopatra, die »dem Schicksal die Stirn zu bieten scheint ... die großen Effekte stammen aus wollüstigen Ideen, mit schrecklichen verschlungen ... ein rechtes Modell des Erhabenen!« Das wäre keine schlechte Charakteristik Katharinas, die er in seinen Briefen auch unweigerlich eine Kleopatra des Nordens nennt, vermischt mit Zügen des Cäsar.

Wie einen Spaziergang im Park dachte er sich den Besuch. Die wollüstigen Züge im Bilde der Kleopatra wurden in Paris nicht weniger genau beobachtet als die cäsarischen. Ein aufregendes Thema war der ständige Wechsel der Favoriten, der nach den Erfahrungen im eignen Lande größte politische Bedeutung haben konnte. Mit Bewunderung erfuhr man jedoch, daß die russische Herrscherin ganz anders als der indolente Louis XV. ihre Beischläfer fest in ihren berühmt starken Händen hielt und auf das entschlossenste verabschiedete, wenn sie ihren Dienst getan hatten. Die weniger Wichtigen erhielten als übliche Dotation ein Gut mit 14000 Seelen, die bedeutenderen ein großes Kommando, ein kleines Fürstentum oder ein Satelliten-Königreich zugewiesen. Das waren durchaus »Effekte« des Erhabenen, das auch in der ästhetischen Diskussion als oberstes Ideal verehrt wurde. Diderot hatte praktischere Ziele im Sinn. Er wollte Katharina als Autor einer Autorin gegenübertreten und ihr große Pläne für Erziehung und Unterricht vorlegen. Erziehung war eines der Lieblingsthemen der Enzyklopädisten. Wenn eine solche Selbstherrscherin eine Instruktion guthieß, so mußte sie auf ihren Wink hin mit einem Schlage verwirklicht werden. Diderot dachte umfassend an Gymnasien mit klassischer Bildung, sogar an Volksschulen, auch die Sklaven müßten lesen, schreiben und rechnen lernen, Universitäten waren zu schaffen. Er sah nicht ein, weshalb sie nicht ebenso aus dem Boden zu stampfen wären wie die ungeheuren Marmorpaläste an der Newa, von denen man in Paris eindrucksvolle Kupferstiche zu sehen bekam. Katharina hörte sich gern solche Vorschläge an. Sie hatte sich verschiedentlich Literaten mit ähnlichen Ideen kommen lassen; es erschienen nicht immer die besten, und meist waren sie unerträglich eingebildet oder schlicht habgierig. Diderot war ihr als eine Art geistiger Republikaner und römischer Weiser geschildert worden, als ein Mann, der bescheiden lebte. Außerdem hatte er mit seiner Enzyklopädie Verständnis für praktische Dinge der Technik und Naturwissenschaften, der Gewerbe bewiesen.

Die Begegnung wurde ein Fiasko, wie wohl fast jedes Auftreten eines Mannes der Feder vor einem der Gewaltherrscher dieser Erde. Diderot hielt sich einigermaßen würdig, wie wir sagen können. Er kehrte den Diogenes heraus, der selbst einem Alexander sagte, er erbitte sich als einzige Gunst, daß der Welteroberer ihm aus der Sonne ginge. Diderot kam an einen Hof, der noch eine fast urtümliche Anbetung des Monarchen kultivierte. Eine Literatur gab es kaum, sie war eben in den ersten Anfängen und bemüht, eine russische Schriftsprache zu schaffen. Soweit gedichtet wurde, war die Hymne an den Herrscher die höchste und dankbarste Form. Lomonossow hatte Elisabeth angedichtet. Sein Nachfolger als Barde, Dershawin, wurde mit seinem Gesang »Feliza« berühmt, der einem Märchen Katharinas entnommen war. Die Zarin beförderte ihn für dieses Gedicht mit einem Schlage vom Posten eines Beamten letzter Klasse zum Gouverneur eines Gebietes von der Größe Frankreichs. Ihr Märchen, für den Enkelsohn bestimmt, handelte von der Suche eines Zarewitsch nach der Rose ohne Dornen, als welche die Tugend zu verstehen ist, nur auf einem steilen Berg zu finden. Als Begleiter auf dem schweren Weg hat die kluge Feliza-Katharina ihm einen Mentor mitgegeben, Rassudok, den Verstand. Eine charakteristische Mischung von westlichen Ideen mit östlichem Volksgut, das sie sich sehr fleißig anzueignen suchte. Nun wollte sie sich mit dem französischen Rassudok unterhalten und hören, was er über den Aufstieg zum Tugendgipfel zu sagen hätte.

Die Reise hatte lange gedauert und war mühsam gewesen. Diderot traf etwas matt in Petersburg ein. Es war Oktober, der Franzose, im dünnen schwarzen Rock, fror erbärmlich. Er wurde auch nicht mit größter Spannung erwartet, am wenigsten von der Hofgesellschaft. Die war völlig in Anspruch genommen von den wochenlangen Festlichkeiten zur Verheiratung des Thronfolgers Paul mit einer Darmstädter Prinzessin, die Diderots Freund Grimm herbeigeführt hatte. Der andere Freund, Falconet, bei dem der Philosoph absteigen wollte, zeigte ihm die kalte Schulter, mißmutig geworden durch die Kabalen um sein Denkmal. Diderot fand schließlich Quartier im Palais eines der Vertrauten Katharinas, Narischkin. Sie nannte Narischkin ihren »Harlekin« und erfreute sich innig an den Streichen, die er verübte, seinem hemmungslosen Schwadronieren, seinen gelegentlich klugen Winken. Narischkin war auch eine Hauptstütze ihrer zwanglosen Abendunterhaltungen in der Eremitage, die sie mit festen Satzungen zu einer Art Club gestaltet hatte. Da war jedes ernstere Gespräch strengstens verpönt, auch jede Anrede mit dem Titel, selbst der Kaiserin gegenüber. Ränge wurden nur nach der Fertigkeit, Grimassen zu schneiden, verliehen; Katharina brachte es lediglich bis zum Leutnant. Wer sich gegen die Regeln verging, mußte zur Strafe ein Glas Wasser trinken, als nächste und schärfere Strafe Verse aus Fénélons »Telemach« auswendig lernen. Narischkin glänzte auch da durch wild-drastischen Vortrag. Es ist vielleicht schade, daß wir nichts von Unterhaltungen dieses russischen Galiani mit Diderot wissen. Er nahm jedenfalls den Philosophen für die ganze Zeit des Besuches von fünf Monaten gastlich auf. Diderot erhielt Verhaltungsmaßregeln für seine Besuche: Die Kaiserin wünschte keinerlei Zeremoniell. Sie dachte nicht an den Stil ihres Clubs der Unvernünftigen; sie wollte als Philosophin auf dem Throne dem berühmten Autor gegenübertreten.

Im übrigen hatte die Selbstherrscherin ihre schweren Sorgen in diesen Wintermonaten 1773/74. Ein Feldzug gegen das kleine Bergkönigreich Georgien unter seinem König Erekle war verlustreich abgeschlagen. Die Teilung Polens hatte bisher nur den Besitz von Litauen erbracht und mußte noch weiter verfolgt werden, mit sorgfältiger Absicherung gegen die beiden anderen Teilnehmer an dem großen Beutezug. Der Krieg gegen die Türkei war mit einem höchst unbefriedigenden Verzichtfrieden zu beenden, weil der Aufstand Pugatscheffs halb Rußland in Aufruhr versetzte. Orenburg wurde belagert von den Rebellen, Kasan erobert, Moskau alarmiert. Sie sah sich gezwungen, selbst in dem weit entfernten Petersburg in aller Stille, neben den Hoffestlichkeiten, militärische Maßnahmen zu treffen: Es gab allerhand zu bedenken. Der Herzog von Kurland war gestorben; sein Sohn mußte nach Petersburg beordert werden, da er mit dem ungehörigen Plan umging, eine weitere Darmstädter Prinzessin zu heiraten und sich so dem russischen Thronfolger ebenbürtig zu zeigen. Er selber, der spätere unselige Zar Paul, der wie so viele durch Mord endete, beunruhigte die Mutter nicht wenig. Sie sah in seiner fahrigen Natur und sogar in seinen Gesichtszügen fast das Ebenbild des nominellen Vaters Peter, während sie doch ziemlich genau wußte, daß er von ihrem Liebhaber Saltykow stammen mußte. Die eben angeheiratete Schwiegertochter erwies sich bei näherer Inspektion, leider verspätet vorgenommen, als verhängnisvoll eng gebaut und wenig geeignet zur Fortführung der Dynastie; sie starb auch bald im ersten Kindbett. Diskussionen mit dem Philosophen über den Pfad zur Tugend und Bildungsreformen waren da eine willkommene Erholung.

Diderot ging vom Palais Narischkin zum Privatkabinett der Kaiserin in der Eremitage an der Newa, neben dem noch im Bau befindlichen riesenhaften Winterpalast. Er ging vielleicht nicht; niemand lief zu Fuß in Petersburg, wenn er nicht zu den minderen Leuten gehörte. Man fuhr, und der Kutscher zeigte im Tempo der Pferde den Rang seines Herrn an. Wir nehmen also an, daß Narischkin Diderot bringen ließ. Der Philosoph hat zu unserem Kummer nichts über den Zustand der Stadt verlauten lassen; über Holland, wo er auf der Hin- und Rückreise länger Station machte, hat er sich sehr eingehend und informativ geäußert. Wir hören nichts über die riesigen Elendsviertel aus Holzhäusern, die in regelmäßigen Abständen abbrannten, noch über die neuen Paläste, von italienischen Baumeistern entworfen, mit Fronten von tausend Fenstern und Dienerschaft von zwei- bis fünfhundert Personen. Diderot fror und begann hartnäckig zu husten. Katharina beeilte sich, ihm einen pelzgefütterten Mantel und einen Muff reichen zu lassen. Sie wollte, daß er es bequem und behaglich haben sollte in ihrem Kabinett. Jeden Tag könne er kommen, nach Belieben, von drei bis fünf. Sie ließ all ihren Charme spielen: »Niemand versteht so wie sie die Kunst, jede Befangenheit zu verbannen«, schrieb Diderot. Er pries überschwenglich ihre weiblichen Reize, den herrlichen Teint, die blitzenden Augen, die »Tausende verführen können«. Ihre Konversation erst! »Ich trete ein, man läßt mich Platz nehmen, und ich spreche mit der gleichen Freiheit wie zu Ihnen«, schreibt er der zweiten Familie Volland. »Beim Hinausgehen muß ich mir bekennen, daß ich im sogenannten Lande der freien Männer die Seele eines Sklaven hatte und mich im angeblichen Lande der Sklaverei mit der Seele eines freien Mannes gefühlt habe.« Welche Liebe zur Wahrheit! Welche Grazie und Leichtigkeit im Ausdruck!, und was der Phrasen mehr sind. Er verwahrt sich eifersüchtig gegen den Vorwurf, er habe sich bestechen lassen. Und wirklich zeigte er sich beim Abschied als so stolz-bescheiden, daß Katharina ernstlich an ihm zu zweifeln begann. Sie beobachtete ihn genau, während er schwärmte; sie verstand sehr wohl das Spiel auf zwei oder drei Manualen. Zu Grimm schrieb sie über Diderots umfangreichen Plan einer Bildungsreform: Geschwätz! Weder Kenntnis der Dinge, noch Einsicht, noch Voraussicht! Wenn ich mich nach Diderots Vorschlägen hätte richten wollen, wäre alles drunter und drüber gegangen. Die Kunst des Regierens ist schwer, die Kritik leicht. Der Philosoph hat die Klugheit besessen, sein ganzes Leben unter Vormundschaft zu leben...

Zu Diderot sprach sie freundlicher, aber auch bestimmt: Aus solchen Ideen macht man Bücher, keine guten Taten. Sie, Diderot, arbeiten auf dem Papier. Das ist geduldig. Ich schreibe auf Menschenhaut. Die ist kitzlig.

»Ich bin Philosoph«, wandte Diderot ein.

»Sie haben manchmal das Gesicht eines Hundertjährigen, Diderot, und manchmal das eines Zwölfjährigen.«

Der Zwölfjährige rückte seiner erhabenen Gastgeberin ziemlich formlos auf den Leib. Er war gewöhnt, stark zu gestikulieren und legte ihr im Eifer des Philosophierens die Hand auf den geheiligten Arm. Vorsichtig schob die Zarin ein kleines Tischchen zwischen sich und den Besucher; wir können es symbolisch nehmen. Behutsam antwortete sie, wenn er die heiklen Fragen stellte, von denen er sich nicht abbringen ließ. Da war das Verhältnis von Sklaven und Herren. Wirkte sich das nicht ungünstig aus auf die Kultivierung des Bodens? Sollte das Fehlen jeden Besitzes nicht doch...

Katharina parierte mit Stolz: »Es gibt kein Land, wo der Bauer seinen Boden so liebt wie der Russe!« Sie hatte auch statistische Argumente bereit: In den Provinzen, wo die Bauern frei sind, werde nicht mehr geerntet als in den unfreien. Im übrigen, das müsse er doch wissen, habe jeder Zustand seine Fehler und Unbequemlichkeiten. Sie behauptete auch kühn, daß es Gegenden gäbe, wo jeder sein Huhn im Topf habe.

Diderot sagte dazu nichts. Er wußte so wenig wie Katharina, welche Gegenden das sein könnten. Er hatte sich einen langen Fragebogen mitgebracht: Bevölkerung, Produktion, Alkohol, Öl, Leinen, Tabak, Viehbestand. Wieviel erbringt die Weinsteuer, für einen Franzosen eine naheliegende Frage.

»Wir haben keinen Wein«, meinte Katharina.

»Wie viele Veterinärschulen gibt es?« Er ging von den Beiträgen zu seiner Enzyklopädie aus, die gerade dafür wichtige Vorschläge gebracht hatte.

Katharina schüttelte das Haupt mit dem Doppelkinn; sie verwies ihn an General Münnich, dem er weitere Fragen vorlegte, ohne viel Informationen zu bekommen. Auch über seine Enzyklopädie sprach sie huldvoll zu dem Philosophen. Sie empörte sich, als er ihr von dem schändlichen Betrug Le Bretons mit der Verstümmelung der letzten Bände erzählte, und schlug vor, er solle doch in Rußland eine neue, verbesserte und freie Ausgabe veranstalten. Diderot, wieder ganz der Zwölfjährige, begeisterte sich noch einmal an dem alten Hauptwerk, der Qual von zwanzig Jahren, und faßte Hoffnung. Die Einzelheiten, meinte die Zarin, müsse er natürlich mit einem ihrer Minister besprechen, dem General Betzki. Lange Beratungen mit dem General und Kultusminister, einem anderen Vertrauten Katharinas aus ihrer Kronprinzessinnenzeit, folgten. Alle Würdenträger und hohen Beamten waren militärische Chargen, so erfuhr es Diderot; selbst sein Freund Grimm wurde alsbald zum Obersten ernannt. Man führte ihn zur Besichtigung des Kadettenhauses, der Militärakademie. Betzki stellte eine hohe Subvention für die Neuausgabe der Enzyklopädie in Aussicht. Allerdings, allerdings müßten dabei gewisse Bedingungen beachtet werden: nichts gegen die Religion, Monsieur Diderot! Die rechtgläubige Kirche ist ein unerschütterliches Fundament unseres Staates, der auf der Einheit von Thron und Altar beruht. Die Verhandlungen zogen sich lange hin und führten zu nichts.

Der Aufenthalt dauerte fünf Monate. Die Unterhaltungen sind nur in Bruchstücken bekanntgeworden nach dem, was Diderot in Paris darüber erzählte. Nur einmal wurde das heikle Thema der Broschüre von Rulhière angerührt. Sie plauderten über das Jenseits und die Vorstellungen von Himmel und Hölle. Diderot, ungläubig wie Katharina, die nur aus Rücksicht auf Thron und Altar im Schmuck ihres diamantenbesetzten Diadems in die Kathedrale ging, erklärte feurig: die Hölle! sie wäre nur gut, wenn sie dazu diente, die Menschen zu bestrafen, die ihre Fürsten belügen!

Die Zarin stieß rasch vor: »Dann können Sie mir doch die Wahrheit sagen: Was denkt man über mich in Paris?«

Diderot unvorsichtig: »Madame, es gibt Leute, die meinen, Sie seien unschuldig am Tode Peters III., und die ihn für einen idiotischen Tyrannen halten. Es gibt andere, die Sie nicht für unschuldig halten.«

»Und jene?«

»Sie denken wie die andern!«

Wir nehmen an, daß dieser kurze Diskurs Katharina endgültig davon überzeugte, sie habe es mit dem zwölfjährigen Diderot zu tun. Für eine schwierigere Mission kam der Mann nicht in Frage. Gerührt aber verabschiedete sie sich von dem Philosophen. Diderot begann unruhig zu werden. Er hatte Brustschmerzen und sehnte sich nach Hause. Katharina ihrerseits steckte bis zum Hals in der größten Krise ihres Reiches seit ihrer Thronbesteigung; es war gut, daß der Besucher davon offenbar nichts erfuhr. Und dann hatte sie nie allzu lange einen Favoriten behalten können, wenige länger als ein Jahr. Es gehörte zu ihrer Lebens- und Regierungskunst, daß sie auch mit den Verabschiedeten stets in so freundschaftlichen und angenehmen Beziehungen verblieb. So sollte es auch mit dem Philosophen gehalten werden. Sie schätzte ihn aufrichtig, fast liebte sie die törichte Mischung aus Kind und Greis. Es war schön, mit einem solchen Diogenes zu plaudern, über die Tugend, die Freiheit, die Bildung. Nun wartete sie darauf, was er zum Abschied wohl erbitten würde. Sie war große Forderungen gewohnt und nicht im geringsten kleinlich in Gelddingen.

Diderot sandte eine schriftliche Verwahrung ein. Er hatte bei den Gelegenheiten, wo er der Hofgesellschaft vorgeführt wurde, genugsam verspürt, mit welchen Blicken man ihn musterte: ein weiterer Westler, der hier Schätze erbeuten will; ein neuer Projektenmacher, der die Güte unseres Mütterchens mißbraucht und ihr seine ungläubigen volkszerstörenden Ideen vorträgt! Man hatte sogar einen mathematikkundigen Herren vorgeschickt bei einem der Empfänge, der den weitberühmten Atheisten mit der algebraischen Formel auf die Probe stellte: »Monsieur Diderot, es gibt doch sogar einen mathematischen Beweis für die Existenz Gottes. Kennen sie ihn: $\dfrac{a+b^n}{2} = x$. Gott existiert also. Antworten Sie!« Alle hatten gelacht. Diderot sicherte sich in seinem Schreiben nach zwei Seiten. Seine Landsleute sollen nicht glauben, er habe sich durch die Huld der Monarchin bestechen lassen; die Untertanen der Majestät sind auch zu enttäuschen in ihren Erwartungen und Vermutungen. Dafür erbittet er Katharinas Verständnis und Beistand.

Die Zarin fragte bei der Abschiedsaudienz geradeaus: »Haben Sie Vermögen?« – »Nein, Madame, ich bin nicht reich, aber zufrieden, und das zählt mehr.« – »Was kann ich für Sie tun?« Diderot trägt den kleinen Katalog seiner Wünsche vor, die sehr bescheiden sind. Die Reisekosten möchte er erstattet haben, wenigstens für den Aufenthalt in Petersburg und die Rückreise. Und wieviel wäre das? Er spricht von 1500 Rubeln. – »Ich werde Ihnen 3000 anweisen lassen.« – Zweitens: eine persönliche Kleinigkeit als Andenken, etwas aus ihrem persönlichen Gebrauch: Eine Tasse mit Untersatz. Ferner: einen Offizier zur Begleitung auf der Rückreise, der ihn sicher abliefern kann in Holland. – Bewilligt. – Die letzte Bitte, recht schmeichelhaft für die Majestät: Asyl oder Schutz durch Katharina; er will sich jederzeit an sie wenden dürfen, falls er durch Regierungsmaßnahmen ruiniert werden oder sonst bedroht sein sollte...

»Mein Freund, zählen Sie auf mich, jederzeit, bei jeder Gelegenheit!«

Diderot kommen die Tränen. Auch Katharina ist sehr bewegt.

»Sie wollen also jetzt gleich abreisen? Warum lassen Sie nicht Ihre Familie kommen?«

Diderot spricht vom Alter seiner Frau, die auch kränklich sei.

»Wann also fahren Sie?«

»Sobald das Wetter es erlaubt.«

»Kein Adieu, Abschied macht immer Kummer.«

Sie läßt dem Philosophen einen englischen Reisewagen zur Verfügung stellen, ein geräumiges Gefährt, in dem man auch schlafen kann. Ein Kämmerer überbringt noch einen Ring, mit ihrem Profil in den Stein geschnitten; im unsicheren Märzwetter fährt er ab. Er hat einige Kisten mit Geschenken für die Freunde und Bekannten eingepackt, Marmorsorten aus Sibirien, seltene Mineralien, die andeuten, welche ungeheuren Bodenschätze noch in diesem Riesenreich schlummern. Die Reise ist anstrengend und gefährlich, auf der zugefrorenen Dwina bricht der Wagen durch das Eis, in Mitau ein weiterer Sturz, der fast das Leben kostet, viele Zollkontrollen, längerer Aufenthalt im Haag; im September erst trifft er wieder in Paris ein, abgemagert, etwas schwach auf den Beinen, mit einer chronischen Bronchitis. Madame Diderot, die vergeblich gewarnt hatte, murrt, wie sie gewohnt ist. Er meint nur: »Sieh meine Kleidungsstücke durch und zähle nach. Ich habe nicht ein Taschentuch eingebüßt.« An die zweite Familie werden jubelnde und gefühlvolle Briefe über das große Erlebnis ausgesandt; es sind die letzten an Sophie. Die Büste Katharinas erhält in seinem Arbeitszimmer einen Ehrenplatz unter seinen Idolen aus der Antike. Auch die Zarin läßt einen schönen, antikisch gehaltenen Kopf Diderots von Houdon auf dem Marmorkamin ihres Kabinetts aufstellen. Diderots Reformpläne, ebenso wie ihre eignen Instruktionen, die er in Holland noch zum Druck gegeben hatte, mußten warten, bis zum Ende ihrer Regierungszeit und weit darüber hinaus.

Diderot fand bei seiner Rückkehr aus Rußland ein verändertes Klima vor. Louis XV. war gestorben an den Blattern, nach kurzem Reuebekenntnis und rascher Verabschiedung der Dubarry, die als einzige der näheren Umgebung am Krankenbette ausgehalten hatte. Der Enkel Louis XVI. wurde mit den üblichen großen Hoffnungen begrüßt, bis weit in das Bürgertum hinein: ein guter Ehemann, mit einer eleganten Kaiserstochter als Frau, großgewachsen, bald fett, bequem und durchaus bereit, neue, auch bürgerliche Männer an die Macht zu lassen. Die Macht interessierte ihn überhaupt nicht; er war zufrieden, wenn er in seiner privaten Schlosserwerkstatt hämmern und feilen konnte, nach den Vorlagen in Diderots Tafelbänden. Eine andere Generation kam zum Zuge, die mit der Enzyklopädie aufgewachsen war. Einige der früheren Mitarbeiter Diderots rückten in hohe Posten auf und verbrauchten sich bald. Turgot als Finanzkontrolleur entfaltete ein umfassendes Reformprogramm. Es fiel unter den Tisch der Würdenträger des Hofes, wie der »Nakas« Katharinas. Malesherbes gab ein kurzes Gastspiel und mußte abtreten. Der Monarchie war nicht zu helfen. Sie steuerte ihren Zickzackkurs unbeirrt der Katastrophe entgegen, die Diderot nicht mehr erleben sollte. Es wäre aber allzu oberflächlich, wenn wir nur auf die kommende Revolution starren wollten. Die Ideen der Enzyklopädisten hatten ausgesamt und Wurzel geschlagen. Es gibt außer der politischen Revolution auch die wissenschaftliche, die technische. Ihre Großen sind auf der Ehrentafel der Enzyklopädie verzeichnet, Lamarck, Daubenton, Buffon, und dazu kommen viele andere, ein Lalande, Laplace, ein Lavoisier. Es sind die Männer einer neuen Ordnung, in Maß und Gewicht des »metrischen Systems«, das sie begründeten und das von dort aus seinen Siegeszug über die Welt antrat, der noch nicht beendet ist. Sie schufen die Grundlagen für die Wissenschaften, auf denen weitergebaut wurde bis heute. Der jahrhundertelange Kampf mit den Kirchen, der auch Diderot noch so schwer zu schaffen gemacht hatte, wurde durch sie fast unauffällig beendet; Laplace konnte, als Napoleon im Zuge seiner erneuten »Thron und Altar«-Politik ihm Vorwürfe machte, er habe in seinem großen System des Himmels und der Planeten doch den Namen des Schöpfers aller Dinge vergessen, kühl antworten: »Sire, diese Hypothese brauchte ich nicht.«

Es wird in den Jahren vor der Revolution zuweilen übersehen, welche enorme Menge von Tüchtigkeit auf allen Gebieten, Begabungen, auch zukunftsreichen Einrichtungen und Instituten, Laboratorien, botanischen und zoologischen Sammlungen, chemischen Fabriken bereits im Aufbau war und nur darauf wartete, aufgerufen zu werden. Das war das Erbe der Enzyklopädie Diderots, und wenn man ihm, wie er es in seinen Briefen an Falconet andeutete, eine Ehrentafel in einem künftigen Ruhmestempel seines Landes gesetzt hätte, so wäre die passende Inschrift im römischen Stil gewesen: »Denis Diderot hat sich um das Vaterland verdient gemacht.«

Der römische Stil, mit stark republikanischer Betonung, war Mode geworden und blieb als Kostüm bis in die Revolution hinein erhalten. Diderot hat im »Salon« noch die ersten Bilder des Jacques Louis David begrüßt, der durch alle Wandlungen seiner Epoche ging, für Louis XVI. malte, Jakobiner und Anhänger Robespierres wurde, Hofmaler Napoleons und Chronist der Kaiserkrönung des Imperators war. Diderot wuchs immer mehr in die Rolle des stoischen und skeptischen römischen Weisen hinein; der Gestalt Senecas galt noch ein Alterswerk, das sogar als einziges seiner späteren Werke im Druck erschien. Aber seine Kräfte waren erschöpft. Er skizzierte nur noch Pläne oder schrieb ältere Arbeiten um. Der Kreis um ihn, den sonst so Geselligen, war klein geworden. Auch die Salons hatten sich verändert. Die Geoffrin distanzierte sich von ihren früheren Schützlingen. Die L'Espinasse, d'Alemberts Freundin, war gestorben und hinterließ bald berühmte Liebesbriefe an zwei entfernte Geliebte. Madame Necker mit ihrem schweizer Gatten, der großen Hoffnung auf Rettung vor dem Staatsbankrott, gab nun die einflußreichsten Abende. Da wurde politisch debattiert statt über Kunst, Philosophie oder Musik. Diderot tauchte auch da zuweilen auf, aber nahm die Ereignisse um ihn her, für unsere Augen so aufregend, nur gelegentlich zur Kenntnis. Er blickte einmal auf von seinen Papieren und begrüßte den Freiheitskampf der Amerikaner, der mit so vielen Beziehungen nach Frankreich übergriff und recht eigentlich die Einleitung zu der kommenden Umwälzung bildete. Er nennt ihn ganz richtig eine »Revolution« und hofft, daß sich in der Neuen Welt eine Freistatt auftun möge für alle, die unter Fanatismus und Tyrannei leiden. Als Skeptiker sieht er auch da den ewigen Kreislauf der Dinge und schließt ab: »Möchten sie wenigstens für einige Jahrhunderte den Urteilsspruch hinausschieben, der allem in dieser Welt verkündet ist: Es gibt eine Zeit der Geburt, der Reife, des Verfalls und des Endes! Möchte die Erde diejenigen ihrer Provinzen verschlingen, die eines Tages womöglich mächtig und wahnwitzig genug werden könnten, sich nach Mitteln umzuschauen, um andere zu unterjochen.«

Er hatte sich schon rechtzeitig auf das Ende vorbereitet und an seine Sophie geschrieben: »Wie kommt das nur: Man hängt doch um so weniger am Leben, je mehr es sich dem Abschluß nähert... Man ergibt sich in das allgemeine Schicksal der Wesen, die man geboren werden und sterben sieht um einen her... Man sträubt sich nicht gegen die Ordnung, die sich so notwendig vollzieht. Man hat die Erde so oft durchpflügt – da kostet es weniger Überwindung, zu ihr hinabzusteigen. Man hat so oft auf ihr geschlafen – nun ist man eher geneigt, auch ein wenig unter ihr zu schlummern...«

Die Familie war nun sein Kreis, seine Tochter, verheiratet als Madame de Vandeuil, seine Vertraute; sie erbte einige schriftstellerische Begabung und verfaßte später eine nicht sehr genaue, aber liebenswürdige kleine Biographie des Vaters. Ein Adlatus Naigeon betreute den Nachlaß. Er war ursprünglich Maler gewesen, aber ohne jede musisch-künstlerische Note, dann eifriger Mitarbeiter Holbachs und schließlich Diderots. Er bewunderte den Meister aufrichtig und verbesserte unbekümmert im Nachlaß; Diderot war ihm nicht konsequent genug in seinem Materialismus und Atheismus, er entdeckte Rückfälle, weiche Züge, Unentschiedenheiten. Naigeon selber war ein Unbedingter und außerdem sehr fleißig; für die Enzyklopädie Panckouckes schrieb er noch in drei Bänden über Philosophie –

wie er glaubte, im Sinne Diderots, aber trocken und kaum mit einem Funken vom Geiste des Lehrers. Er sorgte immerhin dafür, daß die zerstreuten Manuskripte leidlich gesammelt wurden und nach dem Tode Diderots zusammen mit seinen Büchern in den Besitz der Kaiserin Katharina gelangten.

Eine kleine Enkelin war um den alten Weisen, und er träumte einen Großvatertraum von seinem Lehnsessel, der den alten strohgeflochtenen Arbeitsstuhl ersetzt hatte. »Die Seele, der Leib und der Sessel bilden eine schöne Einheit.« Ruhe ist notwendig, damit alles gut wird, bis die alte Seele den alten Leib verläßt, der alte Leib den alten Sessel. Der Sessel verbleibt den Kindern, und die suchen in ihm noch den alten Großvater, wenn er schon lange nicht mehr ist.

Er war selber zum Kind geworden, ausschauend nach den Zügen seines Vaters, der friedlich in seinem Lehnstuhl eingeschlafen war nach einem langen Arbeitsleben als Messerschmied und Verfertiger vorzüglicher Skalpelle. Aber Diderot wäre nicht Diderot, wenn er sich mit einem solchen Familienbild begnügen würde. Seine Tochter hat, wahrscheinlich nach seinen Andeutungen einen Traum beschrieben, den sie lange nach seinem Tode hatte: Diderot ist in die elysäischen Gefilde eingegangen, wie es für einen römischen Weisen geziemt. Er will wissen, wie es auf der Erde aussieht, ob man an ihn denkt oder ihn vergessen hat. Um ihn sind zwei andere Schatten, seine geliebte Sophie und die früh verstorbene Enkelin Anne-Marie. Dies Kind ist sein Bote und muß ihm täglich berichten. Im Elysäum steht ein Tempel. Jeder Schatten hat da seine Nische, darin eine Schale mit wohlriechender Essenz. Die beginnt sich zu entzünden und zu duften, wenn dort unten jemand in Freundschaft, Respekt und Dankbarkeit an den Verstorbenen denkt.

Die geliebte Sophie, mit der er sich im Jenseits vereinigt denkt, starb kurz vor ihm. Wir wissen nicht, ob man überhaupt gewagt hat, ihm ihren Tod mitzuteilen. Er war schwach geworden, hatte einen Schlaganfall, der wie üblich mit Brechmitteln und Zugpflastern behandelt wurde. Er erholte sich noch einmal, aber das Wasser in den Beinen stieg an. Madame Diderot, mit der er in den letzten Jahren altersfriedlich gelebt hatte, wurde besorgt. Sie wußte, daß man kurz zuvor selbst dem großen Voltaire, trotz eines letzten Triumphzuges nach Paris und Lorbeerkrönung im Theater, unter allgemeiner Rührung über den weltberühmten Patriarchen, das kirchliche Begräbnis verweigert hatte. Sie veranlaßte den Pfarrer des Bezirks, ihren Mann aufzusuchen. Diderot empfing ihn freundlich. Man sprach über gemeinsame Interessen, die Wohltätigkeitsanstalten der Umgegend, zu denen auch Diderot beisteuerte. Der Pfarrer stieß dann behutsam vor: Würde es nicht einen ausgezeichneten Eindruck auf die Welt machen, wenn Diderot vielleicht so etwas wie einen »kleinen Widerruf« seiner Werke...

»Einigen wir uns, Herr Pfarrer«, meinte der Philosoph, »das würde eine schamlose Lüge sein.«

Sein Freund Grimm hatte die Kaiserin Katharina von seinem Zustand verständigt und darauf hingewiesen, daß Diderot noch immer, wie seit dreißig Jahren, im vierten Stock wohnte, mit enger, beschwerlicher Treppe. Es kam Befehl aus Petersburg, ein neues Quartier für ihn zu beschaffen, in der eleganten rue de Richelieu, groß, prachtvoll möbliert. Man logierte den Sterbenden um. Arbeiter brachten das neue, geräumige Bett angeschleppt:

»Mein Freunde«, meinte er, »Ihr macht euch da viele Mühe mit einem Möbel, das ich nur noch vier Tage brauche.«

Als letztes Wort zu Freunden wird ein Satz überliefert: der erste Schritt zur Philosophie müsse Ungläubigkeit sein. Dann war der letzte Schritt zu tun.

Am Sonnabend, dem 30. Juli 1784, stand er noch einmal auf und plauderte mit Besuchern. Es ist schön und passend, daß wir den großen Mann des Dialogs mit einem Gespräch enden sehen, auch wenn schwerlich Wichtiges mehr dabei geäußert wurde. Dann griff er nach einer Aprikose; Madame Diderot wollte ihn daran hindern, aber er aß sie, stützte die Ellenbogen auf den Tisch und sank zusammen.

Die Familie sorgte für Begräbnis in Saint-Roch, mit einigen Schwierigkeiten und Zahlungen. Seltsamerweise ist der Sarg später nicht aufzufinden gewesen; auch um diese Episode seines Lebens, wie so manche frühere, schwebt einiges Dunkel.

Diderot hatte es anders bestimmt: Seine Leiche sollte seziert werden. Er hatte keine Scheu vor den Messern seines Vaters. Es geschah nach seinem Willen. Der Kopf, so hieß es in dem Obduktionsbericht, sei so gesund befunden worden wie bei einem Zwanzigjährigen. Das Herz war um zwei Drittel größer als bei einem gewöhnlichen Menschen.

Zeittafel

<table>
<tr><td>1713</td><td>Denis Diderot am 5. Oktober
in Langres geboren</td><td></td><td></td></tr>
<tr><td></td><td></td><td>1715</td><td>Tod Ludwigs XIV.</td></tr>
<tr><td></td><td></td><td>1715–74</td><td>Ludwig XV.,
zunächst unter der
Regentschaft
Philipps von
Orléans</td></tr>
<tr><td></td><td></td><td>1726–43</td><td>Kardinal Fleury
leitender Minister</td></tr>
<tr><td>1729</td><td>Übersiedlung nach Paris.
Besuch des Jesuitenkollegiums.
Tätigkeit als Hauslehrer und
Übersetzer. Bekanntschaft
mit de Bernis (1715–1794)
und Jean-Jacques Rousseau
(1712–1778)</td><td></td><td></td></tr>
<tr><td></td><td></td><td>1740–80</td><td>Maria Theresia</td></tr>
<tr><td></td><td></td><td>1740–86</td><td>Friedrich der
Große</td></tr>
<tr><td></td><td></td><td>1741–62</td><td>Elisabeth von
Rußland</td></tr>
<tr><td>1743</td><td>Heirat (Nanette Champion)</td><td></td><td></td></tr>
<tr><td></td><td></td><td>1745</td><td>Madame Pom-
padour wird
»regierende«
Mätresse
Ludwigs XV.</td></tr>
<tr><td>1746</td><td>Pensées philosophiques
öffentlich verbrannt</td><td></td><td></td></tr>
<tr><td>1748</td><td>Die indiskreten Kleinode</td><td></td><td></td></tr>
</table>

1749	*Brief über die Blinden* Gefängnishaft (Vincennes)		
1751–72	Erscheinen der *Enzyklopädie* in 28 Bänden. 1752 erstes, 1759 zweites Verbot (nach Ausscheiden von d'Alembert und Rousseau). 1766 letzte Textbände, bis 1772 Tafelbände		
1755	Beginn der Freundschaft und Korrespondenz mit Sophie Volland (gestorben 1784). Beteiligung an der hand- schriftlich verbreiteten *Correspondance littéraire* von Melchior Grimm; darin später erstmals *Rameaus Neffe, Die Nonne, Jakob, der Fatalist, und sein Herr, Die Salons*		
		1756	Attentat Damiens auf Ludwig XV. Scharfes Zensur- edikt
		1756–63	Siebenjähriger Krieg
1757/58	*Der natürliche Sohn,* *Der Hausvater*	1758	Beginn des Vorgehens der europäischen Mächte gegen den Jesuitenorden: Portugal, Frank- reich (1764), Spa- nien; Auflösung des Ordens 1773 durch Papst Clemens XIV.

	1762	Ermordung Zar Peters III.
	1769	Gräfin Dubarry wird offizielle Mätresse Ludwigs XV.
	1772	Erste Teilung Polens
1173/74 Reise nach Rußland	1773/74	Aufstand Pugatschews
	1774–93	Ludwig XVI.
	1778	Tod Voltaires

1784 Diderot am 31. Juli in Paris gestorben

1792 *Jakob, der Fatalist, und sein Herr* in deutscher Übersetzung (vor französischer Veröffentlichung, 1796)

1798 Erste Ausgabe von Diderots Werken in 15 Bänden, herausgegeben von Naigeon

1805 *Rameaus Neffe* in der Übersetzung von Goethe (vor französischer Veröffentlichung, 1823)

Richard Friedenthal

Goethe
Sein Leben und seine Zeit.
10. Aufl., 110. Tsd. 1982. 669 Seiten. Leinen

»Es ist eine Darstellung, die Goethe nicht als Idealfigur, sondern als wirklichen Menschen mit allen seinen Schwächen schildert, aber seine Größe kommt eben dadurch erst recht zur Wirkung. Meine Freude an dem Buch beruht auf verschiedenen Vorzügen. Es ist spannend geschrieben; selbst wer Goethes Leben kennt, wird gefesselt. Die Sprache ist klar, einfach, sauber. ... Vor allem ist es nicht nur eine Beschreibung von Goethes Leben und Werken, sondern ein Bild seiner Zeit und seiner Einstellung zu den Zeitereignissen.«
Prof. Dr. Max Born

Goethe
Sein Leben und seine Zeit.
12. Aufl., 128. Tsd. 1983. 669 Seiten. Serie Piper 248

Karl Marx
Sein Leben und seine Zeit.
1981. 652 Seiten, 33 Abbildungen. Leinen

Leonardo da Vinci
Ein biographisches Porträt.
Neuausgabe 1983. 174 Seiten mit Abbildungen. Serie Piper 299

Luther
Sein Leben und seine Zeit.
10. Aufl., 135. Tsd. 1983. 681 Seiten, 38 Abbildungen. Leinen

»Friedenthals ›Luther‹ gehört zu den großen und gültigen Biographien unserer Tage, sie ist eine ›für jeden Nichtfachmann‹ lesbare und verständliche Gesamtdarstellung des Reformators, seines Lebens und seines Werks.«
Heinz Zahrnt

Luther
Sein Leben und seine Zeit.
11. Aufl., 150. Tsd. 1983. 681 Seiten, 38 Abbildungen. Serie Piper 259

Piper